DuMont Schnellkurs

ANTIKES ROM

Christoph Höcker, 1957 in Kiel geboren, studierte Klassische Archäologie, Alte Geschichte und Frühgeschichte in Hamburg. Promotion 1990, seitdem freiberuflich und als wissenschaftlicher Mitarbeiter am Archäologischen Institut Hamburg tätig. Neben einer Reihe weiterer Veröffentlichungen erschienen vom ihm bei DuMont »Die Akropolis von Athen« und der Kunstreiseführer »Griechisches Festland« (beide in Zusammenarbeit mit Lambert Schneider).

DuMont Schnellkurs

DuMont Schnellkurs

ANTIKES ROM

Christoph Höcker

DUMONT

Impressum

Umschlagvorderseite von links nach rechts und von oben nach unten:
Die Maske der Komödie und die der Tragödie. Römisches Mosaik aus Pompeji. Musei Capitolini, Rom / Das Kolosseum in Rom. Kupferstich. Archiv für Kunst und Geschichte (AKG), Berlin / Etruskische Amphore. Berlin, Pergamon-Museum (Foto: AKG, Berlin, Erich Lessing) / Dyptichon des Arcobindes. Musée Cluny, Paris (Foto: Archäologisches Institut, Hamburg) / Die Kapitolinische Wölfin. Musei Capitolini, Konservatorenpalast, Rom (Foto: AKG, Berlin, Erich Lessing) / Römischer Armreif aus Gold. Kunsthistorisches Museum, Wien (Foto: AKG, Berlin, Erich Lessing) / Büste des Gajus Julius Caesar. Antikensammlung, Berlin (Foto: bpk) / Etruskische Plastik, Antefix mit Haupt einer Mänade. Museo Nazionale di Villa Giulia, Rom (Foto: AKG, Berlin) / Laokoon-Gruppe. Gipsabdruck. Vatikanische Museen (Foto: AKG, Berlin) / Hannibal in Capua. Rekonstruktion. © P. Connolly, Spalding / © 1997 Les Editions Albert René/Goscinny-Uderzo (Asterix und Maestria)
Umschlagrückseite von oben nach unten:
Goldmünze aus der Regierungszeit Constantins mit Bildnis des Kaisers. (Foto: AKG, Berlin) / Römisches Relief aus bemalter Terracotta. Augusteisch. Antiquario Palatino, Rom (Foto: AKG, Berlin, Werner Forman) / Theodor Mommsen. Fotografie, 19. Jh. (Foto: AKG, Berlin)
Frontispiz:
Römische Antike und die Gegenwart: Ratlose Besucher im Hof des Konservatorenpalastes vor den Trümmern einer Kolossalstatue Constantins des Großen. (Foto: Martin Thomas)

Die Deutsche Bibliothek – CIP-Einheitsaufnahme

Höcker, Christoph:
Antikes Rom / Christoph Höcker. - Orig.-Ausg. - Köln : DuMont, 1997
(DuMont-Taschenbücher ; 510 : Schnellkurs)
ISBN 3-7701-3937-2
NE: GT

Originalausgabe

Satz und Layout: DuMont Buchverlag, Köln
Druck und buchbinderische Verarbeitung: Editoriale Libraria

Printed in Italy ISBN 3-7701-3937-2

Inhalt

Inhalt

Vorwort

Dieses Buch hat nicht zum Ziel, allgegenwärtige Vorurteile gegenüber der römischen Antike weiter zu bestärken. Solche Ressentiments könnten etwa lauten, die römische Antike sei eine marginale Epoche, ein minderwertiger Annex griechischer Hochkultur, geprägt von künstlerischer Imitation, politischer Despotie, sozialer Erosion, moralischer Dekadenz und religiöser Verwirrung, und Innovation gebe es allein auf technologischem Gebiet. Hier sei vielmehr der Versuch unternommen, überkommene Klischees zu hinterfragen und mit modernen Auffassungen zu konfrontieren, aber auch Gründe und Mechanismen der Verbreitung solcher Werturteile in den Blick zu nehmen. Denn in besonderem Maß hat diese schon in der Antike gezeigte Sichtweise ein einseitiges Verständnis römischer Kultur hervorgebracht, das bis heute in Romanen, Filmen und Comics, aber auch im altsprachlichen Schulunterricht weiterlebt.

Auch wenn die Aspekt- und Materialfülle von 1000 Jahren universeller Welt- und Kulturgeschichte Autor und Leser schier zu erschlagen scheinen, so läßt sich dennoch auch auf begrenztem Raum ein facettenreiches Kaleidoskop der römischen Antike zeichnen: von ihren Anfängen inmitten der von vielen Ethnien besiedelten Apennin-Halbinsel um 600 v. Chr. hin bis zur Verklärung tyrannischer Monarchie als einem ›Goldenen Zeitalter‹ und dem allmählichen Auseinanderfallen in neue kulturelle Subsysteme in der Spätantike. Dabei erweist sich die römische Antike insgesamt als eine dynamische Weltkultur, die verschiedenste Regionalkulturen mit ihren jeweiligen bodenständigen Traditionen zu einem neuen Ganzen verschweißen konnte.

In diese Chronologie sind sich ergänzende und aufeinander bezogene Schnitte durch die Lebensrealität dieser Epoche gezogen, die Funde und Ausgrabungen, Bauten und Kunstwerke, Gräber, Literatur und Inschriften, aber auch soziale und regionale Bezüge präsentieren. So liest sich dieses Buch einerseits als eine zusammenhängende Darstellung, zugleich aber bilden die einzelnen Kapitel geschlossene, lexikalisch nutzbare Abschnitte.

Anders als sonst üblich wird hier nicht eine Epoche als historisch-kulturell vom Hier und Jetzt gänzlich abgeschnittene Vergangenheit mit klarem Beginn und Endpunkt betrachtet. Ein wesentlicher Blick gilt den Voraussetzungen der römischen Antike, vor allem aber dem ›Nachleben‹ dieser Ära: Nicht nur im lateinischen Mittelalter, im byzantinischen Osten und im islamischen Orient, sondern auch in der Renaissance, der Französischen Revolution, im amerikanischen Unabhängigkeitskrieg und im faschistischen Italien ist das antike Rom immer Paradigma für Staatsideen, Bauten und Bilder geblieben. Dieser Wirkungsgeschichte wird hier ebenso Raum gegeben wie der Forschungs- und Überlieferungsgeschichte, die in ihrer Vielgestaltigkeit und in gegenläufigen Tendenzen immer wieder eindrucksvoll die Zeitgebundenheit von Einstellungen zur Vergangenheit dokumentiert.

Christoph Höcker

ab ca. 925 Villanova-Kultur als Vorläufer der etruskischen Kultur.
760–653 25. Dynastie in Ägypten: Beginn der »Spätzeit« und Ende des »Neuen Reiches«.
ab 754 Gründung griechischer Kolonien auf der Apennin-Halbinsel:
754 Pithekusai (auf Ischia).
ca. 750 Kyme (Cumae).
um 740 Rhegion (Reggio/Calabria), Kroton und Sybaris.
ca. 700 Tarent.
Sparta erobert Messenien; spartanische Staatsverfassung (»Große Rhetra«).
ca. 690 Caulonia und Metapont.
ca. 650 Locri.
Heloten-Aufstand in Messenien gegen Sparta.
um 650/600 Poseidonia (Paestum).
um 624 Drakon; erste Gesetzgebung in Athen.
612 Untergang von Ninive, Ende des Assyrer-Reiches.
600–500 Pandosia, Pyxus, Laos, Temesa, Terina, Skylletion, Hipponion, Medma (genaue Daten unklar).
594/593 Solon als Gesetzgeber in Athen.
547 Kyros erobert das Lyder-Reich des Kroisos.
um 540 Elea (Velia).
539 Kyros erobert Babylon; Beginn der Achämeniden-Herrschaft in Mesopotamien und Kleinasien.
um 480 Neapolis (Neapel).
444/443 Thurioi.
433/432 Herakleia am Siris.

Einheimische und Einwanderer im heutigen Italien: Kulturen und Kulturkonflikte

Um die römische Antike in ihrer komplexen Ganzheit wie auch in ihren bisweilen ungewöhnlichen Detailfacetten zu verstehen, ist es nötig, den Blick auf das Kulturgefüge im heutigen Italien in der ersten Hälfte des 1. Jt. v. Chr. zu werfen, denn die in diesem durch seine langgestreckte Halbinselform räumlich abgeschlossenen Naturraum ansässigen verschiedenartigen Kulturen bilden insgesamt die Wurzeln der römischen Antike. Der Aufstieg Roms geht mit Verbündung, Eroberung und Unterwerfung, zugleich aber auch mit mannigfachen Adaptionen verschiedenster Erscheinungsformen dieser Kulturen einher. Diese auf verschiedenartige kulturelle Komponenten zurückgreifende Entstehungsgeschichte ist ein wesentlicher Grund, der römischen Antike insgesamt und von Beginn an immer wieder Unselbständigkeit und damit in gewisser Hinsicht Zweitklassigkeit zu unterstellen. Doch darf nicht übersehen werden, daß eben in der Integration der diversen kulturellen Umfelder und deren aktiver Umformulierung in eine neue, ›übergeordnete‹ Gesamtkultur ein epochaler schöpferischer Akt liegt. Und es sei auch daran erinnert, daß selbst die vermeintlich aus sich selbst gewachsene griechische Antike nicht denkbar wäre ohne ihre lokalen Traditionen und eine nicht minder aktive Adaption aus der phönizischen, ägyptischen und orientalischen Hochkultur.

Betrachtet man die Apennin-Halbinsel in der Zeit um 500 v. Chr. (**2**), so sind zunächst drei Schwerpunkte der Besiedlung auszumachen. Ganz im Norden, im Gebiet der Oberitalienischen Seen und der Südalpen, waren keltisch-gallische Stämme ansässig, südlich davon breitete sich das Gebiet der Etrusker aus, das etwa von Bologna bis Rom, phasenweise sogar bis nach

Kampanien reichte und im wesentlichen nach Westen, zum Tyrrhenischen Meer hin, orientiert war. Ab Neapel südwärts wurde Italien von den Koloniestädten geprägt, die die Griechen seit dem späten 8. Jh. v. Chr. hier wie auch an anderen Küsten des Mittelmeers gründeten. Überbevölkerung, Mißernten und tiefgreifende soziale Erschütterungen zwangen die Griechen in jenen Jahren, in der Fremde Land zu nehmen. Und auch wenn diese Kolonien nur selten über längere Zeit noch intensive Kontakte zur jeweiligen Mutterstadt besaßen, blieben sie doch, von wenigen Ausnahmen abgesehen, nach Osten, auf den griechischen Kulturraum hin, ausgerichtet.

Die kulturelle Situation Italiens um 500 v. Chr. ist jedoch erheblich komplexer, als es dieser erste Augenschein zeigt. Die keltisch-gallischen Stämme waren, wie die Griechen, eingewandert; inwieweit dies auch auf die Etrusker zutraf, ist unklar. Doch ist der Begriff Einwanderung in aller Regel ein beschönigender Euphemismus, denn das betroffene Territorium war ja nicht unbewohnt. Für die hier siedelnde Bevölkerung – auch sie war Jahrhunderte zuvor aus dem Norden zugewandert – stellte sich ein solcher Vorgang nur selten als friedfertiger Akt dar, sondern meist als ein verzweifelter Verteidigungskampf. Deutlich wird dies insbesondere bei der griechischen Besiedlung Siziliens, die sich fast durchweg in blutigen Kriegen vollzog. Der griechische Historiker Thukydides beschrieb dies im 5. Jh. v. Chr. aus der Sicht des überlegenen Siegers eher lakonisch: »Syrakus gründete Archias, ein Heraklide aus Korinth – er verjagte zuerst die Sikeler von der

1 Griechen in Italien: Der berühmte Poseidontempel von Paestum, um 470 v. Chr. errichtet, bildete den Mittelpunkt der Koloniestadt.

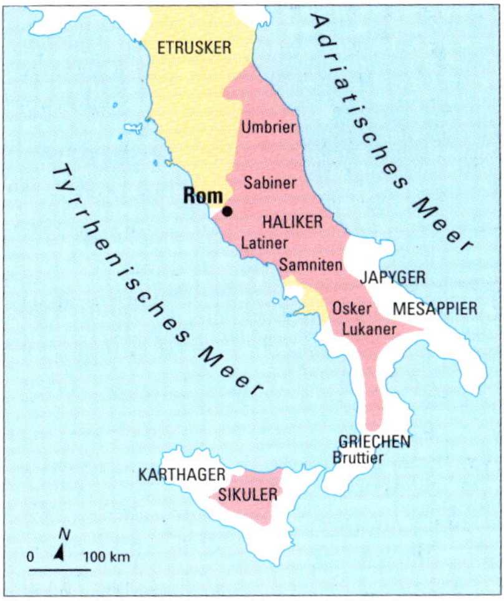

2 Italien um 500 v. Chr.: Die Apennin-Halbinsel war von verschiedenen Kulturen besiedelt, die nach und nach durch Rom erobert oder assimiliert wurden.

3 Der Prunkhelm aus einem Grab bei Canosa in Apulien ist keltisch und dokumentiert die Verflechtungen der Kulturen im 4. Jh. v. Chr. Berlin, Antikenmuseum.

Insel. Thukles und die Chalkidier legten von Naxos aus die Stadt Leontinoi an, nachdem sie im Krieg die Einheimischen vertrieben hatten ... Zankle war von den Sikelern benannt nach der sichelartigen Form des Ortes; später wurden sie von Männern aus Kyme in die Flucht geschlagen ...« (Thukydides, *Geschichte des Peloponnesischen Krieges* VI 3–5).

Während die Etrusker ein großflächiges Gebiet besiedelten und innerhalb dieses Territoriums andere Kulturen entweder assimiliert oder gänzlich aus Norditalien abgedrängt hatten, beanspruchten die griechischen Kolonisten lediglich einen schmalen Küstenstreifen für ihre Siedlungsplätze, die *poleis*, und das Ackerland im Umfeld der Städte für die zur *polis* gehörende *chora*. Die einheimische Bevölkerung wurde entweder versklavt, mit minderem Status zwangsweise in die Kolonistengemeinschaft eingefügt oder ins Landesinnere verdrängt. Und so ballten sich abseits der Küste und südlich des Etrusker-Gebiets die verschiedensten Ethnien auf kleinem Raum zusammen: Japygier, Daunier und Mesappier in Apulien, Volsker, Falisker, Latiner, Sabiner, Vestiner, Marser, Aequer und Umbrer im bald übervölkerten Mittelitalien, Samniten und Osker in Kampanien, Lukaner in der Basilicata und Bruttier in Kalabrien. Die meisten dieser Ethnien sind heute mit eigenständigen Kulturformen archäologisch gut bezeugt und vor allem in den jeweiligen Regionalmuseen der italienischen Provinzstädte dokumentiert; historisch jedoch ist wenig über sie bekannt. Sicher ist aber, daß es zwischen ihnen allen und mit der etruskisch-griechischen

4 Bronzestatuette eines campanisch-samnitischen Kriegers. Paris, Louvre.

Kultur vielfältige Konflikte um Ackerland, Handelswege und strategische Positionen gab. Sicher ist auch, daß das antike Rom aus solch einer zunächst unscheinbaren Keimzelle in Mittelitalien hervorgegangen ist.

Die Etrusker:
Religion, Staat, Wirtschaft und Gesellschaft
Die etruskischen Funde in Italien reichen bis in die Villanova-Kultur der Zeit um 1000 v. Chr. zurück, benannt nach einem bedeutenden Fundort bei Bologna. Doch ob die Etrusker zu den auf der Apennin-Halbinsel einheimischen oder eingewanderten Völkern zu zählen sind, ist bis heute umstritten. Die Etrusker, die neben den im Süden Italiens ansässigen Griechen die Kultur der späteren römische Antike am einschneidendsten geprägt haben, besiedelten vom 8. bis zum 1. Jh. v. Chr. das Gebiet der südlichen Toskana zwischen Fiesole und Veji und dominierten bis um 500 v. Chr. auch Rom und seine unmittelbare Umgebung. Kenntnisse über die Etrusker sind weitgehend Schlußfolgerungen aus archäologischen Funden. Nur zu einem kleinen Teil sind Informationen in antiken Texten überliefert, was u. a. auch mit den immer noch geringen Kenntnissen der etruskischen Schrift zusammenhängt (s. S. 14f.).

Die sehr kleinteilig gekammerte Landschaft führte, fast wie in Griechenland, auch in Etrurien im 8. Jh. v. Chr. zur Zusammensiedlung verschiedener dörflicher Kerne zu autonomen Stadtstaaten mit jeweils einem natürlich abgegrenzten, landwirtschaftlich genutzten Umland. Anders als in Griechenland schloß man sich jedoch früh zu einem Städtebund zusammen, der

5 Die Villanova-Kultur ging in Nord- und Mittelitalien den Etruskern voraus. Keramik des 9. Jh. v. Chr. aus einem Grab bei Tarquinia. Florenz, Archäologisches Museum.

6 Das etruskische Kernland im 5. Jh. v. Chr.

von den zwölf mächtigsten Siedlungen beherrscht wurde und für relativen Frieden untereinander sorgte. Mittelpunkt des Bunds war das Voltumna-Heiligtum im Gebiet von Volsinii. Weitere etruskische Städtebünde gab es im 6. und 5. Jh. v. Chr. in der Po-Ebene und in Kampanien.

Die Städte des Kernlands lagen, durch Straßen miteinander verbunden, meist im Landesinneren und gut gesichert auf hoch aufragenden und nur von einer Seite zugänglichen Tuffplateaus. Die Siedlungen selbst waren bisweilen, wie besonders die neuen Ausgrabungen von Marzabotto zeigen, großräumig angelegt: Ein rechtwinkliges Straßennetz verband die geräumigen Atrium-Häuser, Vorformen des späteren römischen Stadthauses (s. S. 68f.), mit öffentlichen Bauten und Platzanlagen. Religiöser Mittelpunkt war der typische dreiräumige Podiumstempel (s. S. 18f.). Die durchweg besser als die Siedlungen erhaltenen Nekropolen befanden sich stets außerhalb des Stadtgebiets und bildeten regelrechte Totenstädte.

Das ökonomische Fundament dieser Hochkultur waren die reichen Erzvorkommen, die ab etwa 800 v. Chr. ausgebeutet wurden. Zugleich übernahmen die Etrusker durch ihre verkehrsgünstige Brückenlage in der Mittelmeerwelt eine wichtige Rolle als Händler; viele Städte hatten an der Küste gut ausgebaute Häfen. So zeichnete sich die etruskische Kultur durch eine vorbehaltlose Offenheit gegenüber anderen Kulturen aus: Kontakte zu den Phöniziern entlang der Levanteküste bis nach Karthago, zu den klein-

7 Wie einst die etruskische Siedlung liegt auch die moderne Stadt Orvieto auf einem mächtigen, fast ringsum steil abfallenden, strategisch vorteilhaften Plateau.

8 Das ›Industrieviertel‹ bei Populonia: Erzabbau und Verhüttung war ein bedeutender Zweig der etruskischen Wirtschaft.

asiatischen Ioniern, zu Griechen, Thrakern, Anatoliern und – in der näheren Umgebung – zu Korsika, Sardinien, der Provence und fast allen Kulturen der Apennin-Halbinsel sind durch zahlreiche Funde bezeugt. Die meisten bemalten griechischen Tonvasen, die heute die Museen der Welt füllen, stammen aus etruskischen Gräbern, waren also griechischer Export in diese Region (**12**). Aber nicht nur Handel mit Rohstoffen und Fremdgütern, auch die Verfertigung eigener Produkte war geläufig: Die Etrusker waren Meister der Goldschmiedekunst und der Metallverarbeitung, ahmten erfolgreich die bemalten Tonvasen der Griechen nach, und ihre schwarzgefirnißte Bucchero-Keramik, ein geschickt gemachtes Imitat teurer Metallgefäße, wurde weithin exportiert.

Die erheblichen Unterschiede in Größe und Ausstattungsaufwand der Gräber lassen auf eine oligarchisch-aristokratische Gesellschaftsstruktur innerhalb der einzelnen Siedlungen schließen, an deren Spitze zunächst ein König oder ein lokaler Fürst aus einer wohl allein grundbesitzenden, zahlenmäßig kleinen Adelselite stand. Für das 6. und 5. Jh. v. Chr. werden oft Ansätze zu republikanischen Strukturen vermutet, so wie sie sich in der Stadt Rom zu dieser Zeit abzuzeichnen scheinen; dieser Rückschluß ist allerdings problematisch, da die tatsächliche Frühgeschichte Roms ebenfalls weitgehend unbekannt ist (s. S. 27).

Die Aufnahmebereitschaft der etruskischen Kultur gegenüber den verschiedensten Einflüssen zeigt sich besonders deutlich in der Religion. Sie stellt eine komplexe Synthese von originären und ›fremden‹ griechischen, lateinischen und phönizisch-orientalischen Gottheiten dar. Als eine prophetisch vermittelte, in Büchern niedergeschriebene Offenbarungsreligion weist sie Ähnlichkeit mit dem Judentum auf, hat dabei aber ein außerordentlich vielgestaltiges Pantheon. Schon die Gliederung der Tempelinnenräume mit drei nahezu gleichwertigen Kult-Bereichen macht diesen gerade gegenüber der griechischen Religion fast egalistischen Zug innerhalb des etruskischen Götterkosmos deutlich.

Für fast alle Lebensbereiche existierten minutiös festgelegte Riten: Ob Stadtgründung oder Bau einer Stadtmauer, immer waren Vorschriften zu befolgen und Priester zugegen, die über deren Einhaltung wachten. Auch Wissenschaft und Technik waren in dieses System von Riten eingebunden: Kosmische Himmelsdeutung, Analyse des Vogelflugs oder Eingeweide- und Leberschau waren Bestandteil einer aufs Äußerste reglementierten religiösen Praxis. Der römische Philosoph Seneca, der Lehrer Neros, beschreibt diese Verwissenschaftlichung von Religion plastisch: »Die (etruskische) Kunde von den Blitzen gliedert sich in drei Phasen: diejenige der Erforschung, die der Auslegung und die des Sühneopfers. Der erste Teil ist eine Sache der Systematik, der zweite eine der Divination, der dritte eine der Versöhnung der Götter.« (*naturales quaestiones* 2, 33).

9 Bronzene Nachbildung einer Schafsleber mit Schriftzeichen, möglicherweise ein Ausbildungsgerät für das Erlernen des Rituals der Leberschau. Piacenza, Museum.

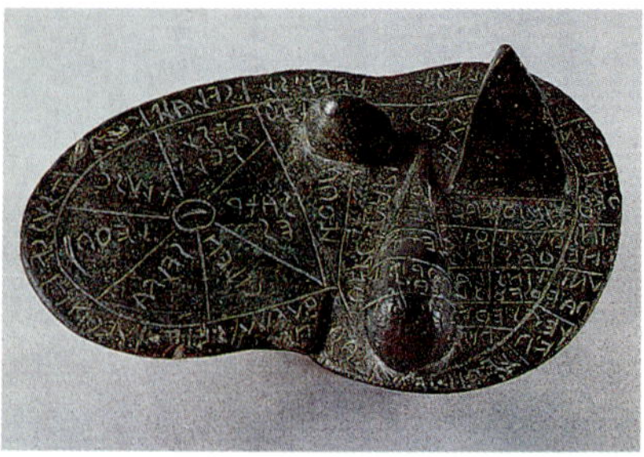

Die etruskische Schrift

Der vielleicht wichtigste Grund, warum über die etruskische Gesellschaft so wenig bekannt ist

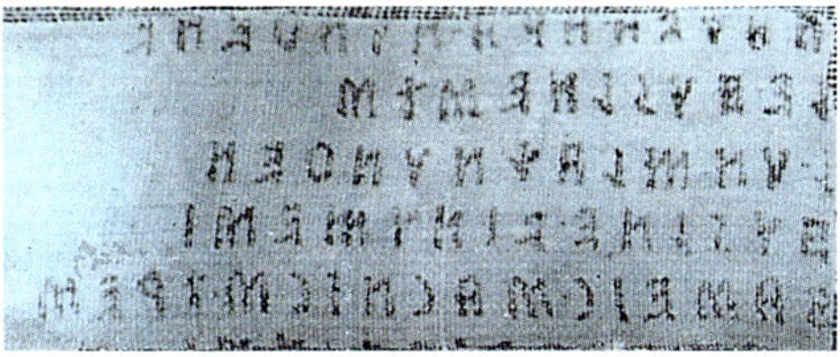

10 Die Mumienbinde aus Zagreb (Museum) besteht aus einem zerrissenen etruskischen Buch aus Leinen (1. Jh. v. Chr.), das vermutlich ursprünglich einen Festkalender mit Kultanweisungen enthielt.

und zugleich über sie doch so viele moderne Mythen verbreitet werden, ist der, daß die etruskische Schrift in wichtigen Teilen immer noch ein ungelöstes Rätsel ist. Das Etruskische ist eine Buchstabenschrift (im Gegensatz zu Silben- und Wortschriften), den ostgriechischen Dialekten in vielen Aspekten recht ähnlich und sogar buchstabenweise lesbar, im Vokabular, also in der Wortbedeutung, aber weitgehend unbekannt.

Die ca. 7500 erhaltenen etruskischen Texte sind meist sehr kurz, überliefern überwiegend – etwa als Grabinschriften – Namen und Ämter, sind darüber hinaus aber nicht durch längere Texte in mehrsprachiger Ausführung vertreten wie etwa der berühmte, im British Museum präsentierte Stein von Rosette, mit dessen Hilfe Jean François Champollion 1822 die ägyptischen Hieroglyphen entziffern konnte. Auch wenn die moderne Linguistik eine recht präzise Kenntnis des Etruskischen suggeriert, so darf nicht übersehen werden, daß die wenigen längeren epigraphischen Zeugnisse dieser Kultur – wie etwa der zerschnittene und später als Mumienbinde verwendete etruskische Festkalender (**10**) – weiterhin nur zum Teil übersetzt sind und die einzige sachlich aufschlußreiche, längere zweisprachige Inschrift, die Goldplättchen von Pyrgi (**11**), einen etruskischen Text in eine ebenfalls nur teilweise bekannte Sprache, das Phönizische, übersetzt. Die etruskische Schrift bleibt deshalb, ähnlich wie die minoische Linear-B-Schrift, auch weiterhin eine Herausforderung für die Wissenschaft.

11 Die Goldplättchen von Pyrgi bei Cerveteri mit etruskischem (Mitte und unten) und phönizischem Text (oben): eine Weihung an die Göttin Astarte. Um 500 v. Chr. Rom, Villa Giulia.

12 Die meisten bemalten griechischen Vasen, heute Prunkstücke der Museen, entstammen etruskischen Gräbern und waren möglicherweise billige Imitate aufwendiger Metallgefäße. Sogenannte Nikosthenes-Amphore aus Athen, um 530 v. Chr. Rom, Villa Giulia.

13 Die Nekropole von Cerveteri, eine weitläufige Totenstadt. Hügelgräber des 7. und 6. Jh. v. Chr.

Etruskische Gräber als Spiegel des Lebens
Genauere Kenntnisse über das tägliche Leben in einem etruskischen Haushalt, über den Standard der Ausstattung, über Anzahl und Organisation der Wohnräume, über Machart, Formen- und Funktionsspektrum des Hausrats sind bis heute nur zu einem geringen Teil das Ergebnis von archäologischen Grabungen innerhalb einzelner Siedlungen. Zwar haben sich zahlreiche Hausgrundrisse und urbanistische Strukturen erhalten, die meisten Etruskerstädte sind, wie z. B. Orvieto (**7**), jedoch kontinuierlich von der Antike bis heute besiedelt gewesen, und deshalb führen Ausgrabungen dort nur selten unmittelbar in die Glanzzeit der Etrusker vom 7. bis zum frühen 3. Jh. v. Chr. zurück.

Jedoch war auch bei den Etruskern in besonderem Maß das Grab ein Spiegel des Lebens, und besonders die gut erhaltenen Nekropolen von Vulci, Tarquinia und vor allem Cerveteri geben einen tiefen Einblick in verschiedenste Lebensaspekte. Zunächst zeigen Schmuck und Geräte, die als Beigaben zusammen mit den Toten bestattet wurden, den zum Teil erheblichen Wohlstand an. Neben großen Mengen bemalter griechischer Vasen haben sich aufwendig granulierter Goldschmuck, mit Ritzungen verziertes Metallgerät – darunter originaler Hausrat wie z. B. Bronzebetten, -leuchter und -tische, reliefierte Elfenbeinplättchen –, aber auch prunkvoll dekorierte, wohl kaum zum Gebrauch bestimmte Waffen zuhauf in den Gräbern gefunden und können einen Eindruck vom Reichtum zumindest der Adelsschicht

vermitteln. Sicher ist nur ein kleiner Teil solch kostbarer Gegenstände durch Mit-Bestattung dem diesseitigen Leben entzogen worden.

Doch auch über diese unmittelbaren Grabbeigaben hinaus erlauben die Gräber Rückschlüsse auf das tägliche Leben. Die großen Tumuli der Nekropole von Cerveteri, die z. T. über 40 m Durchmesser aufweisen, überdecken aus Tuffstein gebaute Grabkammern, oftmals mehrere innerhalb eines Tumulus. Diese Kammern wiederum beinhalteten mehrere Bestattungen und waren wohl so etwas wie ›Familiengrüfte‹. Sie bestanden aus mehreren Räumen, die sich um einen Korridor herum gruppierten, und es ist wahrscheinlich, daß die Raumfolgen das Innere von realen Häusern nachbildeten. Bis in konstruktive Details hinein findet sich hier Architektur in den weichen Tuffstein reliefiert: Säulen mit Kapitellen und Gebälken darüber, komplette Wandaufbauten mit Gesimsen, Sockelzonen, Fenstern, Türen und Nischen, minutiös ausgearbeitete Dachkonstruktionen mit Firstbalken, Giebelverkleidungen und zu den Wänden hinunterlaufenden Holzsparren.

Auch Mobiliar fand sich in Tuffstein nachgebildet: Klinen und thronartige Sessel standen in den einzelnen ›Zimmern‹, aber auch die Sarkophage der Toten, entweder als schlichter Kasten auf die Tuff-Klinen gestellt oder, aufwendiger, aus Terra-

14 Gewandfibel aus ziseliertem Gold, aus einem Grab bei Palestrina, um 675 v. Chr. Rom, Villa Giulia.

15 Das Grab als Wohnung: Die »Tomba dei rilievi« in Cerveteri kopiert ein etruskisches Haus mit Alkoven, Dach und Einrichtungsgegenständen.

16 Bronzespiegel wie dieser aus Populonia fanden sich in etruskischen Gräbern als Beigaben in großer Zahl (5./4. Jh. v. Chr.).

kotta und dann regelrecht eine Kline oder ein Prunkbett imitierend. Besonders reich ausgestattete Gräber verzichteten auf solche Stein- oder Ton-Imitate. Statt dessen wurden die Kammern mit kostbaren originalen Möbeln aus elfenbeinverzierter Bronze und kostbaren Polster-Auflagen bestückt.

Wie eine richtige Stadt war die Nekropole von breiten Straßen und schmaleren Seitenwegen durchzogen. Jede Grabkammer war über einen solchen Zuweg erreichbar und für Nachbestattungen weiterhin zugänglich. Eine massive, aber entfernbare Steintür verschloß den Hauptzugang. Auf dem Türsturz fanden sich oft der Name der Sippe und besonders ruhmreiche Tatsachen, wie z. B. politische oder religiöse Ämter, die die Sippe einst bekleidet hatte, eingeritzt. Nachbestattungen bildeten zugleich den Anlaß, in prachtvollen Begräbnisprozessionen immer wieder der Öffentlichkeit den Prunk der eigenen Grabanlage und damit den diesseitigen Wohlstand vor Augen zu führen – der Grabluxus wurde so zu einem Indikator der sozialen Stellung einer Sippe.

Der tuskanisch-römische Tempel

Der etruskische, vom römischen Architekten Vitruv in seiner Schrift *de architectura libri decem* (»Zehn Bücher über die Architektur«) als tuskanisch bezeichnete Tempel unterschied sich grundsätzlich vom aus Griechenland bekannten Tempel. Nicht ein flacher, langrechteckiger, gleichmäßig mit Säulen bestandener Stufenbau kennzeichnete ihn, sondern ein hoch aufragendes Podest mit einer breiten Freitreppe an der Eingangsseite, das zudem ein sehr gedrungenes Rechteck, manchmal fast ein Quadrat bildete, in das der eigentliche Baukörper, die Cella, eingefügt war. Die Säulen liefen nicht zur Gänze um den Bau herum, sondern waren nur zur Front hin als Ganzsäulen ausgebildet, ansonsten als Halbsäulen mit

17 Tonmodell eines etruskischen Tempels, 2. Jh. v. Chr., aus Vulci. Rom, Villa Giulia.

den Cellawänden verkröpft. Das als vierte Säulenordnung neben die dorische, ionische und korinthische Ordnung tretende ›tuskanische‹ Design erinnert an dorische Säulen, allerdings mit einer Basis und ohne das typische Metopen-Triglyphen-Gebälk darüber. Der Innenraum der Cella war meist dreigeteilt, diente also einer Göttertrias und nicht einer Gottheit allein.

Dieses etruskische Konzept des auf eine Zugangsseite hin orientierten Podiumstempels ohne ringsum freistehenden Säulenkranz wurde von der römischen Kultur umfassend übernommen. Fast jedes zentrale Forum einer jeden Stadt zierte ein solcher Podiumstempel; das am besten erhaltene Beispiel ist die sogenannte »Maison Carrée« in Nîmes. Die etrusk-tuskanische Bauordnung wurde durch die korinthische, seltener durch die ionische und nur ausnahmsweise durch die dorische ersetzt. Tempel im ›griechischen‹ Typ waren in römischer Zeit als Neubauten eher Ausnahmen.

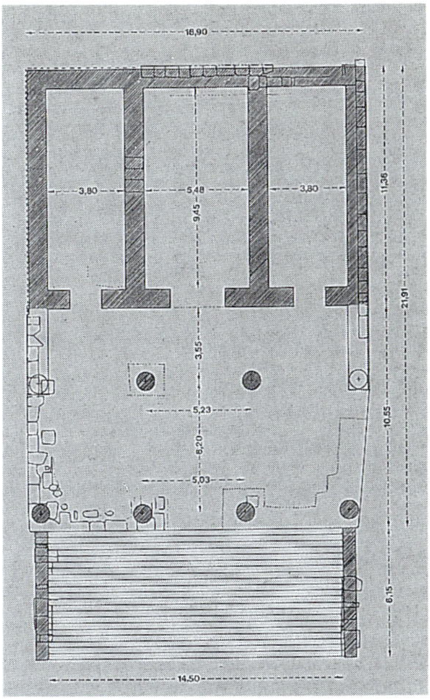

18 Grundriß des etruskischen Tempels von Orvieto, 5. Jh. v. Chr., mit Freitreppe, Podium und der dreiräumigen Cella als architektonischem Kern.

19 Fundamente des Tempelpodiums von Talamone, 4. Jh. v. Chr.

Die römische Religion war eine komplexe Vermischung aus griechischen, etruskischen und latinisch-einheimischen Elementen. Sie war eng mit dem Gründungsmythos der Stadt verknüpft und bildete eine in bezug auf religiöse Handlungen, Göttergestalten und Herkunftslegenden schlüssig und stimmig gemachte Synthese der verschiedenen Legendenstränge. Religion ist immer gemeinschaftliche Fiktion einer Gesellschaft und mittelbarer Spiegel historischer Prozesse zugleich. Die Art und Weise, wie sich hier etruskische Magie (etwa die Auspizien, Leber- und Vogelschau) mit griechischen Mythosmotiven wie z. B. der Stadtgründungslegende, etwa der im Umkreis des trojanischen Krieges angesiedelten Aeneas-Sage, kreuzten und vor diesem Hintergrund Götter aus dem griechischen Pantheon modifiziert wurden, das alles macht deutlich, daß hier im Lauf der Zeit ein vielfältiges Netz aus verschiedensten Kulturkomponenten gewoben wurde. Es sollte historische Brüche klittern, Kontinuität erzeugen, die Gegenwart ganz unmittelbar aus der mythischen Vergangenheit heraus erklären und so zum Bindemittel der innergesellschaftlichen wie auch der nach außen gerichteten Identität werden.

Unübersehbar sind zunächst etruskische Züge der römischen Religion schon durch die vielen Riten im häuslich-ländlichen Bereich: Kulte und Riten zum Schutz von Haus und Hof, von Feld und Ernte – wie etwa die Verehrung der Penaten oder der Laren – waren mitsamt den magischen Ritualen und Festen ebenso dem etruskischen Religionsverständnis entnommen wie bestimmte prophetische Elemente, etwa die Sibyllinischen Bücher, dann die pedantischen Reglementierungen der Kultausübung, die komplizierten Organisationsformen der Priesterschaften und ihre Einbindung in den öffentlich-staatlichen Bereich.

Etruskische Herkunft zeigen auch Rituale wie etwa die Kampfspiele bei den Bestattungsfeierlichkeiten, die die Keimzelle der Gladiatorenspiele bildeten (s. S. 70), und schließlich die Trias von Jupiter,

20 Jupiter war die höchste römische Gottheit und entsprach dem griechischen Zeus. Bronzestatuette des 2. Jh. n. Chr. Malibu, J. P. Getty Museum.

21 Das altehrwürdige Opfer der Suovetaurilia, bei dem Stier, Widder und Eber vor ihrer Schlachtung im Kreis herumgeführt wurden. Relief auf einem Denkmalsockel vom Forum Romanum, 303 n. Chr.

Juno und Minerva als Krone der Götterwelt und als Kultgemeinschaft der Haupttempel. Doch finden sich hier auch mannigfach Elemente der griechischen Mythologie und Religionspraxis wieder. Aufwendig inszenierte Spiele beschrieb schon Homer, etwa anläßlich der Bestattung des vor Troia gefallenen Helden Patroklos, und auch im thrakisch-kleinasiatischen Kulturraum war dies nicht ungewöhnlich. Die römischen Hauptgötter selbst waren nur selten wirkliche Neuerfindungen, sondern Entsprechungen zu etruskischen Göttern – wie etwa der doppelköpfige Janus – oder zur griechischen Götterwelt, so z. B. Jupiter/Zeus, Juno/Hera, Neptun/Poseidon, Minerva/Athena, Diana/Artemis, Aesculap/Asklepios, Mars/Ares, Mercur/Hermes, Venus/Aphrodite, Vulcan/Hephaistos, Ceres/Demeter. Griechische Götter wurden manchmal, wie Apollon, sogar gänzlich unverändert übernommen.

Daneben entstanden zahlreiche weitere Göttergestalten, die einen spezifischen Zug der römischen Religion verdeutlichen: den Kult um Wertbegriffe und Eigenschaften. Bildlich als besondere Form der Personifikation allgegenwärtig (**64**) waren Honos (Ehre), Virtus (Tapferkeit), Fides (Treue), Concordia (Eintracht), Fortuna (Glück) oder Victoria (Sieg). Sie waren oft mit eigenen Kulten ausgestattet und bildeten eine Besonderheit der römischen Religion.

Die römische Religion, deren Vielschichtigkeit und Beziehungsreich-

22 Larenädikula im »Vettier-Haus« in Pompeji, zwischen 63 und 79 n. Chr. Oft waren solche stuckierten und bemalten flachen Ädikulen und nicht mehr Schreine mit plastischen Figuren die Kultmale für den häuslichen Larenkult. Über einer Schlange in der Mitte der Hausherr, umgeben von zwei beschützenden Laren.

tum zu anderen antiken Religionskonzepten hier nicht annähernd dargestellt werden können, war ein dynamisches Gebilde, das sich mit zunehmender Vergrößerung des Reiches veränderte. Eroberte Völker verknüpften ihre eigenen Mythen mit denen Roms, so daß bereits unter Augustus eine komplette Neuordnung der Kulte stattfand und spätestens im 2. Jh. n. Chr. nicht nur durch das sich verbreitende Christentum, sondern auch durch die Beliebtheit östlich-orientalischer und semitischer Religionen ein vielgestaltiger Synkretismus entstand, der trotz mannigfacher Verbote und Verfolgungen das altrömische Religionssystem zu lediglich einer Spielart verschieden-

ster im Reich praktizierter Religionen machte. Das monotheistische Christentum, einmal zur Staatsreligion geworden, beendete dann mit Verboten, Enteignungen und zum Teil brutalen Verfolgungen alle als »heidnisch« angesehenen religiösen Praktiken (s. S. 117).

24 Sadismus ist ein Kernmotiv der römischen Kultur, das auch in vielen religiösen Praktiken und Vorstellungen begegnet. Die Mysterienszene zeigt ein junges, entblößtes Mädchen, das mit Ruten gepeitscht wird. Wandmalerei aus der Mysterienvilla in Pompeji, um 30 v. Chr.

23 Griechische Mythen wurden in römischer Zeit markant umgestaltet und auf die eigenen Repräsentationsbedürfnisse zurechtgeschnitten: Der um 240 n. Chr. entstandene Sarkophag mit Amazonenkampf zeigt im Zentrum ein römisches Ehepaar mit Modefrisuren des 3. Jh. n. Chr., das sich in dem beliebten Bildmotiv von Achill und Penthesilea abbilden läßt. Nicht mehr Amazonenkampf, sondern Selbstüberhöhung der Grabinhaber sind thematisiert. Rom, Vatikan.

25 Die kapitolinische Wölfin, die Zwillinge Romulus und Remus säugend. Die Wölfin ist eine Bronzestatue des 5. Jh. v. Chr., die Zwillinge eine Ergänzung der Renaissance nach antiken Münzen. Rom, Konservatorenpalast.

514 ›Erleuchtung‹ Siddhartas; Stiftung des Buddhismus.
510/507 Sturz der Tyrannis in Athen; Reformen des Kleisthenes als erster Schritt zur Demokratie.
490–479 Kriege der Griechen gegen Perser und Punier.
479 Tod des Konfuzius.
338 Schlacht bei Chaironeia; Griechenland gerät unter makedonische Hegemonie.
323 Tod Alexanders d. Gr.
312 Bau der Via Appia als erste überregionale Straße.
um 300 Lao Tse schreibt das *Tao Te King*.
268 Erste Silbermünzen in Rom geprägt.
221–210 Regierungszeit des Qin Shi Huang Ti; Beginn des Baus der chinesischen Mauer.
212/211 Belagerung, Eroberung und Plünderung von Syrakus.
210 Überführung griechischer Kunstwerke von Capua nach Rom.
209 Plünderung von Tarent.
168 Triumph des Aemilius Paullus in Rom nach dessen Eroberung Griechenlands; Präsentation zahlreicher geraubter Kunstwerke.

Die Gründung Roms und die Zeit der Könige

Die Gründung der Stadt Rom durch die Zwillinge Romulus und Remus, der Legende nach unehelich, aber von hoher Geburt und als Findelkinder von einer Wölfin großgezogen, beschrieb der griechische Schriftsteller Plutarch im 2. Jh. n. Chr.: »Sie beschlossen dort, wo sie aufgewachsen waren, eine Stadt zu gründen, nachdem sie viele Menschen um sich geschart hatten. Als Romulus und Remus darangingen, die Stadtgründung zu vollziehen, entstand Streit unter ihnen über den Ort. Sie kamen überein, den Streit durch eine Vogelschau zu entscheiden. Remus erschienen sechs Vögel, Romulus aber angeblich die doppelte Zahl. Doch viele sagen, Romulus habe gelogen. Remus wähnte sich betrogen und wurde schließlich von Romulus im Streit erschlagen. Romulus begrub Remus und gründete die Stadt, wozu er Etrusker kommen ließ, die zu allem die (rituellen) Anweisungen gaben. Romulus markierte um das Stadtzentrum als Grenze einen Kreis mit einen Pflug: Er zog binnen eines Tages eine tiefe Furche um die sieben Hügel, die den Verlauf der Mauer und Tore festlegte; man nennt sie *pomerium*. Dann versammelte er alle waffenfähigen Männer und teilte sie in Legionen; sie alle machte er zum Staatsvolk, die 100 tüchtigsten zum Rat (= Senat). Im vierten Monat nach der Gründung wurde dann der Frauenraub (Raub der Sabinerinnen) unternommen ... Sie errichteten auch eine Asylstätte für alle Flüchtlinge, und so füllte sich die neue Stadt schnell.« (*Romulus* 9–14).

Aus dieser so und ähnlich in verschiedensten Varianten überlieferten Gründungsmythologie ging Romulus als erster von insgesamt sieben ruhmvoll-legendären, durchweg mythischen Königen (Numa Pompilius, Tullius Hostilius, Ancus Marcius, Tarquinius Priscus, Servius Tullius, Tarquinius Superbus) hervor, bevor um 500 v. Chr. die Etrusker bezwungen wurden und der – ebenfalls noch legendäre – Brutus (**29**) die Königsherrschaft zugunsten der Republik stürzte und die Reihe der Konsuln eröffnete. Unter Bezugnahme auf diese Mythologie haben schon in der Antike verschiedentlich Versuche stattgefunden, das genaue Gründungsdatum der Stadt zu errechnen: Am bekanntesten ist Varros Resultat (753 v. Chr.) geworden, aber auch die Jahresangaben 814/813 (Timaios), 752/751 (Cato), 748/747 (Fabius Pictor) oder 729/728 (Cincius) sind überliefert – jeweils unter verschiedenen Prämissen rückgerechnet aus der offiziellen römischen Annalistik, und dies nicht eigentlich aus purer Neugier über das Datum, sondern um die Glaubwürdigkeit dieser Annalistik zu belegen und um sie mit der griechischen Historiographie, der Zählung von Olympiaden und athenischen Archonten, in Einklang zu bringen.

Die archäologischen Bodenfunde aus der Frühzeit der Stadt Rom ergeben ein weniger eindrucksvolles Bild. Doch auch sie sind wegen der späteren Überbauung des ganzen Stadtgebietes keineswegs klar und eindeutig, sondern lieferten Anlaß für heftige Forschungskontroversen. Wohl erst um 1000 v. Chr., also relativ spät und mitnichten in mythisch-grauer Vorzeit, wurden der Palatin und der Quirinal,

134 Tiberius Sempronius Gracchus Volkstribun; 133 ermordet.

123 Gaius Sempronius Gracchus Volkstribun; 121 ermordet.

113–101 Krieg gegen Cimbern und Teutonen; römische Niederlagen bei Noreia (113) und Arausio (105); Siege des Marius bei Aquae Sextiae (102) und Vercellae (101).

73–71 Spartacus-Aufstand; Verres Statthalter in Sizilien.

70 Anklage des Cicero gegen Verres; Verres geht freiwillig in die Verbannung.

63 Cicero Konsul; Verschwörung des Catilina.

26 Raub der Sabinerinnen. Ölgemälde von Jacques-Louis David, 1799. Paris, Musée du Louvre.

später auch andere der sieben Hügel von einer eisenzeitlichen Kultur besiedelt, die sowohl Brand- als auch Körperbestattung kannte und deshalb wohl eine Mischgesellschaft einheimischer und zugewanderter Ethnien war. Ihre Friedhöfe lagen dort, wo sich später das Forum Romanum erstreckte. Gegen 700 v. Chr. schlossen sich diese zuvor locker miteinander verbundenen Siedlungen auf den Hügeln zu einer Gemeinschaft mit städtischem Charakter zusammen. Dieses Verschmelzen verschiedener Siedlungskerne zu einem Gemeinwesen erforderte eine Neuorganisation der Infrastruktur, etwa durch die Anlage von gemeinschaftlichen Heiligtümern und Versammlungsplätzen, den Bau einer gemeinsamen Schutzmauer und die Verlagerung der Nekropolen.

27 Rom als Dorf: Die eisenzeitliche Siedlung auf dem Palatin, Zustand um 800 v. Chr. Modell.

Dieser Vorgang spielte sich aber nicht, wie die Legende glauben machen will, in freier Autonomie ab, sondern unter etruskischer Hegemonie. Möglicherweise war dieses frühe Rom sogar selbst eine Etruskersiedlung. Hierfür sprechen die etruskischen Riten bei der Stadtgründungslegende (z. B. die Markierung eines Gebietskreises nach einem Vogelschau-Ritual zur Festlegung des Ortes), aber auch die aus dem Etruskischen übernommenen zahlreichen Ehren- und Würdezeichen, die auch in späteren Zeiten noch existierten: die *fasces* (Rutenbündel der Lictoren) und die *sella curulis*, der repräsentative Amts-Stuhl (**182**), sind ebenso der etruskischen Kultur entlehnt wie die weithin sichtbare Purpur-Toga als Abzeichen des Heerführers.

Auch die Keimzelle der frührömischen, patrizisch-gentizischlen Staatsverfassung ist etruskischer Natur: Die Bevölkerung gliederte sich in grundbesitzende aristokratische *gentes* (Clans) und von ihnen abhängige *clientes* (freie, aber besitzlose Plebejer), die in dieser Konstellation in drei »Stämme« mit je zehn *curiae* eingeteilt waren. Deren Versammlungen, die insgesamt 30 *comitiae*, bildeten zusammengenommen die Volksversammlung und strukturierten in ihrer Dreiteilung zugleich den Heeresverbund.

Vom Dorf zum Staat: Bundesgenossenschaften, Kriege und die Republik als Herrschaftsmodell

Daß die Legenden um die Gründung Roms und die Königszeit Produkte einer mythisch-verklärenden Geschichtsschreibung sind, ist unzweifelhaft. Doch wann in der Frühgeschichte Roms sicherer Boden historischer Tatsachen erreicht ist, bleibt bis heute ungewiß, denn die antike Annalistik und Historiographie tritt auch in bezug auf die frühe Republik derart ›geschönt‹, harmonisiert und mit Mythen verflochten vor Augen, daß man zu Recht von einem ersten Beispiel konsequenter und bewußter Geschichtsfälschung sprechen kann. Der Historiker Plinio Fraccaro bemerkte 1957 angesichts dieses Befunds resignierend: »Die größte Tugend bei der Erforschung der Geschichte des frühen Rom ist die Fähigkeit, den Hauptteil der hinterlassenen Nachrichten beiseite zu schieben; gleich dahinter kommt die Fähigkeit, den Rest so schlüssig wie möglich zu deuten.«

Um 500 v. Chr. trat Rom mit der Vertreibung der tarquinischen Etrusker erstmals als ein eigenständiger Machtfaktor aus dem Schatten Etruriens und in das Licht der Geschichte. Die Größe der Stadt war mit ummauerten 430 ha schon jetzt – verglichen mit anderen etruskischen Siedlungen –

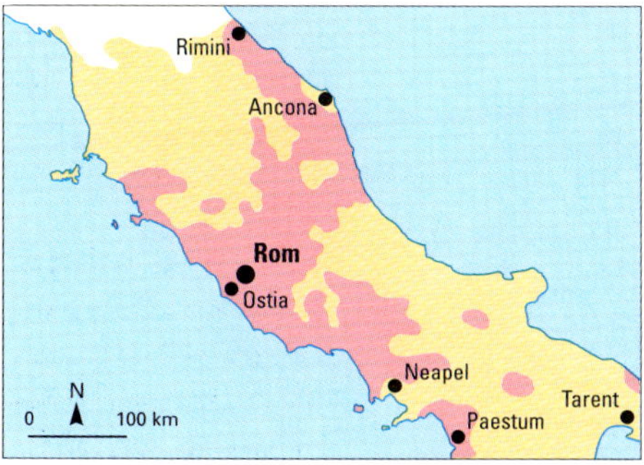

28 Das römische Staatsgebiet (rot), seine Kolonien und Verbündeten (gelb) um 250 v. Chr.: Der einstige etruskische Stadtstaat beherrschte ganz Mittel- und Süditalien.

29 Bronzebildnis eines Römers, um 300 v. Chr. In dem Portrait wurde mehrfach der Gründer und erste Konsul der Republik, Lucius Iunius Brutus, gesehen – eine aber wohl unberechtigte Zuschreibung. Rom, Konservatorenpalast.

30 Marmorfries vom Apollontempel im Marcellustheater von Rom, um 20 v. Chr. (Ausschnitt). Der Fries zeigt einen Triumphzug, in dem der römischen Bevölkerung Kriegsbeute zur Schau gestellt wird: hier ein Tropaion und zwei Gefangene auf einem Traggerät, dahinter Trompetenbläser. Rom, Konservatorenpalast.

exorbitant. Rom übernahm zunächst die politisch-militärischen Handlungsmaximen des nördlichen Nachbarn: Verbündung mit anderen Siedlungen und – erst als zweites und letztes Mittel – Krieg und Unterwerfung. Ähnlich dem etruskischen Städtebund (s. S. 11 f.) entstand der Latinerbund. Über Rolle und Status Roms in der Frühzeit dieses Bundes herrscht Unklarheit, doch kam es zu Beginn des 4. Jh. v. Chr. zu einer ganzen Reihe von Kriegen mit den unmittelbaren Nachbarn, in deren Folge Rom zur beherrschenden Macht in Mittelitalien avancierte. Im späten 4. Jh. v. Chr. begann Rom dann mit einer ganzen Kette von Kriegen in wechselnden Bündniskonstellationen, die über die mittelitalische Region ausgriffen und die Stadt schnell zu einem einflußreichen Staatswesen werden ließen, das an die Schwelle zur weltpolitischen Großmacht trat.

Dieser rapide Transformationsprozeß einer kleinen, abhängigen Siedlung zu einem machtvollen Staatswesen, das in nicht einmal fünf Generationen die Strukturen der gesamten Mittelmeerwelt radikal veränderte, konnte auch für die inneren Verhältnisse nicht folgenlos bleiben. Herrschten ursprünglich einzelne Adelssippen über jeweils beschränktes Territorium, war nun ein organisiertes und arbeitsteiliges Zusammengehen dieser

Sippen unter Einbeziehung auch der Plebejer, der nicht-adligen Bevölkerung, nötig. Ebenfalls mythisiert, wurde diese Überwindung der Königsherrschaft durch die Republik in den Annalen auf Brutus bezogen (**29**), der demzufolge als erster Konsul die Konsulatsliste anführt. Tatsächlich aber entstand das in seinen Verästelungen hochkompliziert, völlig neuartige republikanische Staatswesen, dessen Verfassungsgrundlage einerseits die regional organisierte Militärstruktur, andererseits die damit zusammenhängende, durch Grundbesitz definierte Ständeordnung war, in einem Jahrzehnte andauernden, konfliktreichen Prozeß. Beide Bezugspunkte der Republik – Militärstruktur und Ständeordnung – waren zunächst von großen sozialen Abständen zwischen Patriziern und Plebejern geprägt, jedoch kam es bis ins 1. Jh. v. Chr. hinein immer wieder zu bürgerkriegsartigen Unruhen, die sukzessive zu einer Teilhabe auch weniger privilegierter Gruppen an der politischen Macht führten (s. S. 34).

Die wichtigsten Staatsämter der römischen Republik lassen sich bis ins 5. Jh. v. Chr. zurückverfolgen: Zwei Konsuln übten die militärische und zivile Staatsgewalt aus; sie wurden jährlich von der Volksversammlung gewählt. Teils ebenso gewählte, teils von den Konsuln bestimmte Beamte wie Quaestoren, Censoren, später Praetoren und Aedilen verkörperten ausgegliederte Teilfunktionen der einstigen Konsul-Befugnisse. Sie repräsentierten die weiteren hohen Magistratsämter, an die sich zahlreiche Verwaltungsämter angliederten.

Anstelle zweier Konsuln wurde in Kriegszeiten des 5. und 4. Jh. v. Chr. häufig ein Kollegium von bis zu sechs Personen gewählt, um alle nötigen Kommandoposten zu besetzen. Daneben gab es den seit alters einflußreichen »Rat der Alten«, den Senat, in dem allein die Angehörigen der *gentes*, der Patrizierfamilien, Sitz und Stimme hatten –

31 Die Rostra (Rednerbühne) auf dem Forum Romanum war ein Symbol der Republik, sowohl als Institution als auch als Bauwerk. Seit alters wurden hier die in den verschiedenen Seeschlachten erbeuteten bronzenen Schiffsschnäbel (lat. *rostra*) als Trophäen angebracht. Rekonstruktionszeichnung von 1905.

32 Zwei römische Magistratsbeamte in Honoratioren-Toga. Fragment eines Bronze-Reliefs. Malibu, J. P. Getty Museum.

ein die Konsuln beratendes Gremium, dessen Autorität es aber jedem Konsul praktisch verbot, guten Rat zu ignorieren.

Die Republik, deren Dynamik wesentlich auch aus ihren inneren Spannungen herrührte, war in den Augen der Römer ein Vorbild für alle anderen Völker. Aus heutiger Sicht entwickelte sich hier eine Regierungs- und Verwaltungsform, die aufgrund ihrer erheblichen Flexibilität und des ihr innewohnenden Zwangs zum permanenten Kompromiß nach innen wie nach außen zunächst ideal geeignet war, die Gebietszuwächse des Staates und die sich daraus ableitenden vielfältigen neuen Verwaltungsaufgaben zu verkraften und in zusätzliche Stärke und Schlagkraft umzusetzen, die dann jedoch an den Folgen der immer rapider voranschreitenden Expansion des Territoriums zerbrach.

Rom zwischen Aristokratie und Volk: Die sozialen Krisen und ihre Folgen für die römisch-republikanische Staatsmacht

Die römische Republik war von Beginn an durch z. T. äußerst blutig verlaufende innere Konflikte gekennzeichnet. Auch wenn der Übergang der gentilizischen Monarchie zu einer republikanischen Staatsstruktur in seinen Details weitgehend im dunkeln liegt, so läßt sich doch bereits aus der puren Tatsache eines solchen Übergangs schließen, daß irgendwann um 500 v. Chr. eine Situation gegeben war, die eine Teilhabe breiterer Kreise an der politischen Macht erforderlich werden ließ. Der Grund hierfür dürfte, ähnlich wie im antiken Griechenland einige Generationen zuvor, in der Notwendigkeit gelegen haben, eine breite und verläßliche militärische Basis zu konsolidieren, und so war die Heeresordnung mit ihren Gremien und Wahlen die Keimzelle der Republik.

Die Zeit von 494 bis 366 v. Chr. war geprägt durch die Ständekämpfe, in deren Verlauf die durch die Heeresordnung in die Pflicht genommenen Plebejer den Patriziern weitgehende Rechte abzwangen. Daß dies nur unter Druck funktionierte, zeigt der Beginn der Auseinandersetzungen: Die Plebejer verließen in einem spektakulären Akt die Stadt Rom, um ihren Forderungen nach Verbesserung der wirtschaftlichen und rechtlichen Situation Nachdruck zu verleihen, und erst auf diese massive Gefährdung des Staatswesens hin kam es zu Konzessionen wie zur Einrichtung von plebejischen Versammlungsgremien und speziellen Staatsämtern (Volkstribun und Aedile). Zwei Gesetze besiegelten den Kompromiß schließlich nach weiterem längeren Streit: Das Zwölftafel-Gesetz (um 450 v. Chr.) und das Licinisch-Sextische Gesetz von 367 v. Chr., die beide insgesamt einen wirtschaftlichen, sozialen, juristischen und politischen Ausgleich mit sich brachten (u. a. Schuldenermäßigung, Zulassung von Plebejern zum Konsulat, Gründung eines ›Amtsadels‹ aus Plebejern und Patriziern, Verläßlichkeit in Rechtsfragen durch Kodifizierung von Privat-, Straf- und Prozeßrecht).

Soziale Komplikationen ergaben sich aber auch aus dem rapiden Zuwachs des Staatsgebiets, der bald eine klare Trennung zwischen eigentlichen »Römern«, also der politischen Elite, und den »Anderen«, den Bewohnern der hinzugewonnenen Gebiete, genauso nötig machte wie eine klare Regelung des Zusammenlebens im immer größer werdenden Staatswesen insgesamt. Eine bald als diskriminierend empfundene Trennlinie war das Bürgerrecht, das zunächst nur den Bewohnern des Stadtstaates Rom mitsamt seinem engeren Umland zukam sowie den Bewohnern der direkt von Rom auf erobertem Land gegründeten Koloniestädte. Daneben existierten Gemeinden, die ein Bürgerrecht ›zweiter Klasse‹ besaßen und nicht zu Wahlen zugelassen waren,

33 Römischer Bürger im Redegestus; laut Inschrift auf dem Togasaum ein öffentliches Denkmal für Aulus Metellius. Um 80 v. Chr. Florenz, Archäologisches Museum.

34 Der Kriegs- und Handelshafen von Puteoli am Golf von Neapel war bis zur Fertigstellung des Tiberhafens bei Ostia der wichtigste Hafen an der Westseite Italiens. Wandmalerei aus Stabiae, um 50 n. Chr. Neapel, Nationalmuseum.

Am Aufstieg Roms zur Weltmacht hatte die Flotte einen ganz wesentlichen Anteil, jedoch nicht von Anfang an. Als Staatenbund, der auch Seehandel trieb, verließ man sich zunächst, wie schon zu Lande, auf das bewährte Prinzip der Verbündung, um die nötigen Verkehrswege benutzbar zu halten. Erst die zunehmenden Konflikte mit der Schutzmacht Karthago und die römischen Interventionsbestrebungen auf Sizilien führten ab 260 v. Chr. zum Bau einer eigenen Flotte, die in kaum 100 Jahren zum beherrschenden Faktor im Mittelmeer und damit zu einer wesentlichen militärischen Voraussetzung der römischen Machterweiterung wurde.

Das Kommando führte zunächst einer der beiden Konsuln, später dann ein Praetor oder Legat. Der Kommandant hatte weitgehende Handlungsvollmachten, war zugleich aber für das Schicksal der ihm Unterstellten unmittelbar verantwortlich. So war es Pflicht des Kommandanten, nach einer Schlacht für die Bergung der eigenen Gefallenen und deren Überführung in die Heimat zu sorgen.

Die Flotte bestand aus Geschwadern verschieden großer Schiffstypen. Die Schiffe wurden im Einsatz gerudert, um ein Maximum an Beweglichkeit zu erlangen. Die Ruderer waren vollwertige Soldaten und nur in Ausnahmefällen Sklaven oder Kriegsgefangene; von ihren Fähigkeiten hingen Kampfkraft und Sicherheit der Schiffe und damit der Ausgang einer Seeschlacht entscheidend ab. Längere Fahrten ohne Kampfeinsatz wurden mit Hilfe von Segeln bewerkstelligt. Während der Zeit der Republik wurden die Geschwader nur bei Bedarf rekru-

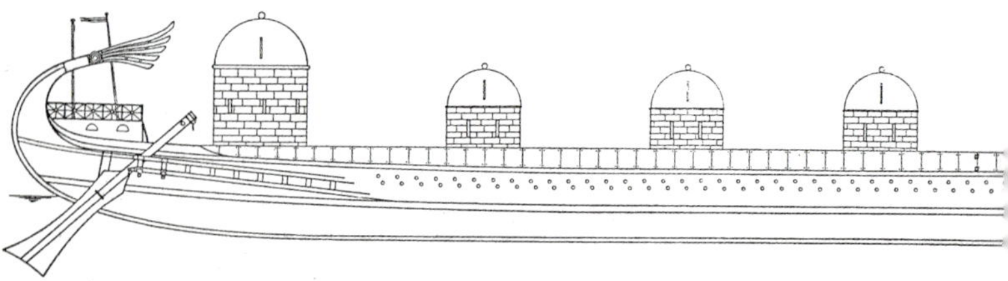

tiert. Erst seit Augustus gab es eine in verschiedenen Häfen rund ums Mittelmeer dauerhaft stationierte Flotte.

Flottenoperationen in der Antike waren fast immer von einer Landkriegstaktik bestimmt: Zwar war das Rammen und Versenken des Gegners das Ziel, meist wurden Schiffe jedoch über mitgeführte Brücken seitwärts geentert, was zu Decksmanövern der Truppe führte, die dem Nahkampf an Land glichen. Dafür waren die Schiffe oft mit speziellen Vorrichtungen wie Geschütztürmen und Palisaden ausgerüstet. Die meisten Scharmützel fanden dicht vor der Küste statt und wurden von Landtruppen unterstützt; der Kommandant dirigierte die Schiffsbewegungen dann von erhöhter Position an Land. Die Flotte führte allerdings auch Operationen in offener See aus und entwickelte verschiedene taktische Neuerungen, die mit auf den Schiffen stationierten Fernwaffen wirkungsvoll unterstützt wurden. Erbeutete Schiffe verbrannte man an Land in einem Triumph-Akt, die bronzenen Rammsporne wurden abmontiert, als Trophäen gesammelt und zur Schau gestellt (**36**).

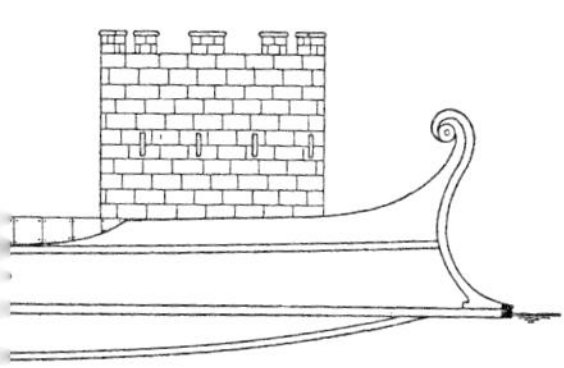

35 Rekonstruktionszeichnung einer römischen Kampfgaleere aus dem 1. Jh. n. Chr.

36 Das nach der Seeschlacht von Actium (31 v. Chr.) am Ort des Sieges errichtete Triumphdenkmal des Augustus, bei dem erbeutete Schiffsschnäbel der gegnerischen Flotte zur Schau gestellt waren. Rekonstruktionszeichnung.

Im gleichen Maß, in dem die *classis romana*, wie die römische Flotte offiziell hieß, ausgebaut und nun in festen Häfen stationiert wurde, schwand ihre militärische Bedeutung. Letztes großes Eroberungsunternehmen war die Landung in Britannien 55 v. Chr.; danach blieb die Flotte, von einigen Ausnahmen und den Einsätzen gegen Piraten abgesehen, allein ein Faktor in den Bürgerkriegen nach der Ermordung Caesars. Propagandistischer Kulminationspunkt in der Selbstdarstellung des Augustus, zugleich aber in gewisser Weise auch das Ende der Flotte war die Seeschlacht bei Actium 31 v. Chr., wo Augustus über Mark Anton siegte und den Grundstein für eine neue Monarchie legte.

37 Römer mit Ahnenbildnissen. Nach Gipsmasken geformte Bildnisse von Toten gelten als die Vorläufer römischer Portraits. Die Bilder der Ahnen waren Vorbilder und Bezugspunkte der lebenden Generation. Rom, Konservatorenpalast.

der große Rest des hinzugewonnenen Territoriums bestand aus »Bundesgenossen«: mit Rom per Vertrag verbündete Gemeinden mit Verwaltungsautonomie, die alle Entscheidungen Roms anzuerkennen hatten und deren Land zum *ager publicus*, zu öffentlichem Land Roms, erklärt wurde.

Diese Konstruktion war jedoch der rapiden Vergrößerung des Staates, wie sie sich im 3. und 2. Jh. v. Chr. dann ereignete, nicht gewachsen. Immer weitere Veteranen mußten, als Entlohnung für ihren Militärdienst, auf dem *ager publicus* angesiedelt werden, und immer größer wurden dabei die Konflikte mit den Patriziern, die weite Teile dieser Flächen bewirtschafteten, aber auch mit den ursprünglichen Besitzern des Landes. Deshalb stellten die Bewohner Italiens ihre Forderung nach Teilhabe am römischen Bürgerrecht mit mehr und mehr Nachdruck (und damit nach Mitbestimmung in allen Bereichen). Als ab 133 v. Chr. die Brüder Tiberius und Gaius Gracchus mit ihrem Versuch einer umfassenden Reform der römischen Republik am erbitterten Widerstand der Patrizier scheiterten, war ein Konfliktpotential erreicht, das sich in einem lang andauernden Bürgerkrieg mit teilweise hochkomplizierten militärischen und staatsrechtlichen Konstellationen entlud.

Hatten die sozialen Konflikte der Ständekämpfe im 5. und 4. Jh. v. Chr. im Endergebnis noch zu einer Stärkung der republikanischen Verfassung, zu ihrer Stabilisierung durch die Unterstützung seitens breiter Bevölkerungskreise geführt, so erwiesen sich die durch die äußere Expansion hervorgerufenen Komplikationen auch im Rahmen von

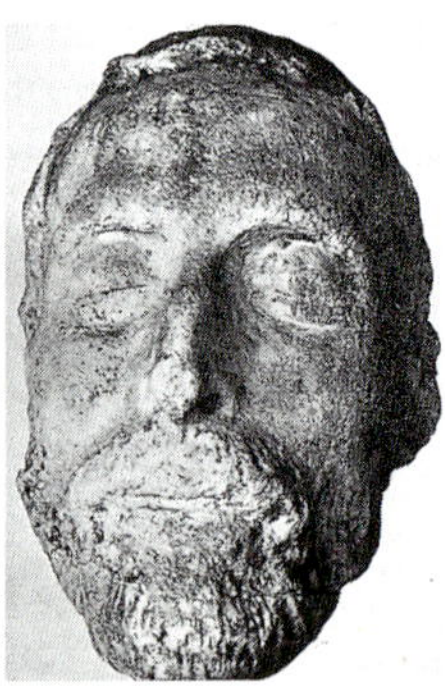

38 Gipserne Totenmaske als Modell für ein Bildnis. Kairo, Archäologisches Museum.

Bürgerkriegen als kaum noch systemimmanent lösbar. Die Verleihung des vollen Bürgerrechts an alle Bundesgenossen (89 v. Chr.) war eine unvermeidliche Niederlage, genauso zwangsläufig folgten dann weitere Verwerfungen im System der Republik. Jeder Versuch, Mißstände zu beseitigen – ob durch Reform oder Diktatur –, konterkarierte das System und machte es immer weniger praktikabel. Erst Augustus beendete 27 v. Chr. formell diesen Bürgerkrieg und stellte in einem aufwendigen Propaganda-Akt »die Republik wieder her«. Doch war dies bloße Rhetorik: Die Republik bestand nur noch auf dem Papier und war de facto zu einer Monarchie gewandelt worden (s. S. 44).

39 Silberdenar aus der Zeit des Bundesgenossenkrieges (91 – 89 v. Chr.). Die gegen Rom gerichtete oskische Prägung zeigt die dem italischen Stier unterlegene römische Wölfin.

Vom Städtebund zur Hegemonie: Die politischen und militärischen Voraussetzungen

Ob die immer wieder verbreitete Ansicht, Rom sei eigentlich ganz unfreiwillig durch eine Kette von Zufällen zur Weltmacht aufgestiegen, nun stimmt oder nicht – gewiß ist, daß Rom, wenn denn einmal der Entschluß zum Krieg gefallen war, mit unbarmherziger Härte gegen seine Feinde vorging, zugleich in seiner Außenpolitik lange Zeit recht inkonsequent war. Verantwortlich hierfür ist eine vom Formaljurismus geprägte römische Weltsicht, die der Historiker Walter Eder treffend beschrieben hat: »Die Römer haben Geschichte nie als eine solche von Konflikten begriffen, sondern als eine, die unter dem Zeichen der Eintracht (*concordia*) stand. Auch die außenpolitische Wahrnehmung ist von daher zu deuten: Jeder besiegte

40 Das römische Straßennetz in Italien um 150 v. Chr. Römische Straßen dienten in erster Linie der militärischen Erschließung und Absicherung hinzugewonnenen Territoriums sowie dem Post- und Meldewesen, erst danach Wirtschaft und Verkehr.

41 Relief vom Siegesdenkmal, das der römische Feldherr nach der Eroberung Makedoniens in Delphi errichten ließ. Delphi, Museum.

Gegner mußte ›integriert‹ werden, durch Unterwerfung, Annexion oder Vertrag. Ein Außen, das unkalkulierbar war, mit dem nicht dauerhaft stabile Beziehungen hergestellt werden konnten, bedeutete für die Römer immer eine Bedrängnis. Deshalb war die Schwelle für das, was als Gefahr wahrgenommen wurde, äußerst niedrig; deshalb war auch der römische ›Imperialismus‹ prinzipiell grenzenlos. Und eben deshalb kam es auch zu immer dichter werdenden Interventionen.«

Die Kette der kriegerischen Aktionen Roms gegen dieses immer unkalkulierbarer werdende ›Außen‹ ist lang und keineswegs durchgehend erfolgreich. Bisweilen kam es sogar zu vernichtenden Niederlagen, etwa 216 v. Chr. bei Cannae in Italien gegen das Heer des Hannibal. Doch insgesamt zeigen die Ereignisse eine klare Linie: Die Expansion betraf zunächst Italien, führte dann im Krieg mit Tarent (282–272 v. Chr.) im Süden zu ersten überregionalen Verwicklungen mit hellenistisch-griechischen Monarchien. Die ersten beiden Punischen Kriege (264–241 und 218–201 v. Chr.) mit dem einstmals engen Verbündeten Karthago führten zur Eroberung Siziliens, von Teilen Spaniens und – indirekt – von Sardinien und Korsika, der dritte Punische Krieg (149–146 v. Chr.) zur Vernichtung Karthagos. Roms Versuche, sich aus den Unwägbarkeiten der Scharmützel zwischen den hellenistischen Monarchien im Osten herauszuhalten, führten zum genauen Gegenteil. Rom wurde in immer unübersichtlichere Kriegsszenarien verwickelt, zunächst mit Makedonien, das mit dem Sieg bei Pydna 168 v. Chr. erobert wurde, dann mit dem übrigen Griechenland, dessen Eroberung mit der Zerstörung Korinths 146 v. Chr. in einem blutigen Massaker endete.

42 Die 273 v. Chr. in strategisch günstiger Lage gegründete römische Veteranenkolonie Cosa ist ein frühes Beispiel für eine römische Stadtgründung, die zugleich als politisch-militärischer Stabilisator auf erobertem Terrain fungierte.

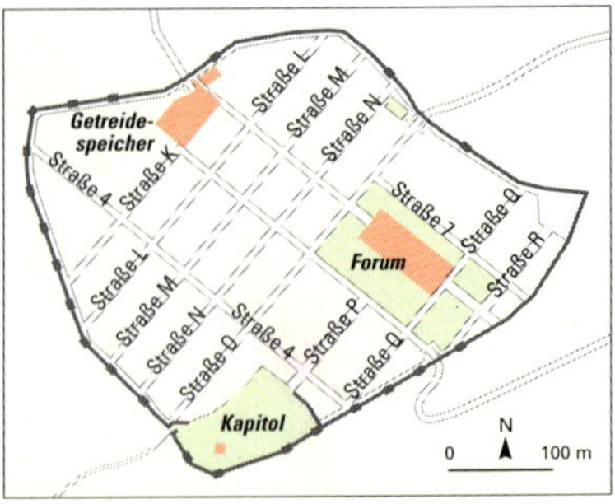

Als 133 v. Chr. der Pergamenerkönig Attalos III. starb und sein kleinasiatisches Reich den Römern vererbte und als im gleichen Jahr mit dem Sieg bei Numantia in Spanien auch die Iberische Halbinsel an Rom fiel, war das Mittelmeer praktisch zu einem römischen Binnenmeer geworden.

Die territoriale Expansion erforderte nicht nur für die Verfassung, sondern auch für die Verwaltung Neuerungen. Solange sich die römische

Expansion auf Mittelitalien beschränkte, war die Staatsmacht in Gestalt von Koloniestädten, die als Veteranensiedlungen auf dem zugewonnenen Land gegründet wurden und die römisches Bürgerrecht erhielten, gewährleistet. Später wurden Regionen (*regiones*) markiert, die als Verwaltungseinheiten zu Vorformen der Provinzen wurden: Die erste von einem delegierten Statthalter verwaltete Provinz war Sizilien (241 v. Chr.), ihr folgten dann Sardinien und Korsika (227 v. Chr.), Spanien (197 v. Chr.), Afrika, Makedonien und Achaia/Griechenland (148–146 v. Chr.) und das ererbte Pergamon als Provinz Asia (133 v. Chr.). Das Prinzip der von jährlich wechselnden Legaten Roms verwalteten Provinz wurde im Lauf der

43 Das Treffen von Hannibal (rechts) und dem römischen Feldherrn Scipio (links) im zweiten Punischen Krieg (218–202 v. Chr.). Flämischer Gobelin des 18. Jh. Rom, Quirinalspalast.

Rom war gnädig mit Freunden und Verbündeten, unerbittlich jedoch mit Feinden und Abtrünnigen. Der griechische Schriftsteller Plutarch schilderte die Einnahme Athens durch Truppen Sullas 86 v. Chr.: »Sulla brach um Mitternacht in die Stadt ein, und mit wildem Geschrei ergoß sich das Heer, zu Raub, Mord und Vergewaltigung losgelassen, mit gezückten Schwertern durch die Gassen, so daß die Erschlagenen überhaupt nicht gezählt werden konnten, sondern ihre Menge bis heute nur nach dem Raum, den das vergossene Blut einnahm, geschätzt wird. Allein das Massaker am Markt überflutete das Gelände bis zum Dipylon-Tor mit Blut, und selbst bis in die Vorstadt soll Blut geströmt sein.«

Plutarch, *Biographie des Sulla* 14

Jahrhunderte zwar mehrfach modifiziert, blieb als ein Grundmuster römischer Staatsverwaltung jedoch bis zum Ende des 3. Jh. n. Chr. in Kraft (s. S. 88f.).

Stadt und Land, Freie und Sklaven: Die Ökonomie der Republik und ihre Krise

Die römische Gesellschaft des 4. und 3. Jh. v. Chr. fußte auf agrarischer Autarkie. Der Stadtstaat Rom war, wie alle Stadtstaaten, auf nennenswerte Nahrungsimporte nur bei Mißernten angewiesen. Die Basis der Aristokratie war ihr Grundbesitz, und die große Mehrheit der Gesellschaft bestand aus Bauern, die entweder unmittelbar vom Adel abhängig oder aber im Zuge der Gründung von Veteranenkolonien selbst freie Grundbesitzer geworden waren. Gerade diese ›mittleren Schichten‹ waren die wichtigste Stütze des republikanischen Systems: Sie garantierten die Herrschaft Roms in den zugewonnenen Gebieten Mittelitaliens und spielten die entscheidende Rolle im Militär.

Zugleich wurde mit Fortschreiten der römischen Expansion der Handel als Erwerbsquelle bald so bedeutsam, daß das Agrarwesen Italiens in eine tiefe Krise geriet. Wenn der altvörderisch-konservative Cato seine um 200 v. Chr. verfaßte Schrift *de agri cultura* (»Über die Landwirtschaft«) mit den Worten beginnt: »Es stimmt, daß der Handel höchst einträglich ist – wäre er nicht so riskant, und gleiches gilt fürs Geldverleihen – wäre es nicht so unmoralisch ..., unter den Erwerbsquellen ist und bleibt dann doch die Landwirtschaft die ehrenhafteste und respektierteste«, dann ist dieser schon fast verzweifelt klingende Verweis auf die ›gute alte Zeit‹ ein Indiz für dramatische Veränderungen in der Ökonomie. Mit der Einverleibung neuer Erzeugergebiete und Rohstoffressourcen entstanden riesige Märkte. Vor allem die agrarisch hochproduktiven Ländereien Siziliens, Griechenlands, Kleinasiens und Spaniens machten landwirtschaftliche Güter in hohem Maß zu Importwaren und damit zu Konkurrenzprodukten der Erzeuger in Italien selbst. Was Händlern riesige Profite bescherte, ging auf Kosten der freien Bauern, die in dieser Zeit massenhaft ruiniert wurden.

Das Agrarland Italiens wiederum sammelte sich in der Hand weniger Großgrundbesitzer, die nun hochspezialisierte, exportorientierte Monokulturen (meist Wein oder Oliven) sowie flächenverschlingende Weidewirtschaft statt Getreideanbau betrieben – gigantische Farmen entstanden, die nun aber nicht etwa den ruinierten Bauern Beschäftigung boten, sondern von Sklaven bewirtschaftet wurden, die im Gefolge der Kriegszüge in großen Mengen als Beute nach Italien verkauft wurden (allein in der griechischen Provinz Epirus wurden 167 v. Chr. über 150 000 Gefangene in die Sklaverei verkauft, und auf dem großen Sklavenmarkt auf der Insel Delos wechselten in diesen Jahren 10 000 Sklaven täglich den Besitzer). In der Folge wurde das Land, einst Heimat freier Bauern, weiträumig entvölkert; es entstanden endlose Aneinan-

44 Pflügen und Aussaat. Mosaik aus einem römischen Haus bei Vienne in Südfrankreich. Saint-Germain-en-Laye, Museum.

derreihungen riesiger Gutsbetriebe. Die Städte hingegen wuchsen rapide. Hier sammelte sich das Proletariat, zugleich aber auch das Kapital. Denn die Städte waren die Orte von Markt, Kommerz, Dienstleistung, Handel und industrieller Produktion – all dies aber ebenfalls weitgehend auf der Basis von Sklaven-, seltener von Lohnarbeit.

45 Idyllisch-bukolische Verklärung harter landwirtschaftlicher Arbeit war ein beliebtes Bildmotiv in der römisch-aristokratischen Oberschicht. Relief des 1. Jh. n. Chr. München, Glyptothek.

Die gesamte soziale Ordnung geriet allmählich aus dem Gleichgewicht: Je größer in den Städten die Zahl der Verelendeten wurde, die auf Kosten der Reichen versorgt werden mußten, desto krasser wurde die Diskrepanz zwischen Arm und Reich, und immer komplizierter wurden die Geldtransfers für den nötigen Ausgleich. Immer brüchiger wurde angesichts der divergierenden Wirtschaftsinteressen auch der staatstragende Konsens der römischen Oberschicht, und immer explosiver wurde der soziale Sprengstoff, der sich schließlich nicht nur in radikalen Reformvorstellungen, Bürgerkriegen und Revolten entlud, sondern auch in Sklavenaufständen, von denen sich derjenige des Spartacus 73–71 v. Chr. zu einem halb Italien verheerenden Krieg auswuchs.

War die gesellschaftliche Hierarchie zwischen Adel, freien, landbesitzenden Bauern, wirtschaftlich abhängigen Bauern, Freigelassenen und Sklaven über Jahrhunderte hinweg stabil geblieben und damit auch das politische System der Republik, so zeigten sich nun alsbald schwerste Verwerfungen. Der Bauernstand sank zum Proletariat herab, während viele städtische *liberti* (freigelassene ehemalige Sklaven), ja sogar Sklaven selbst

In Darstellungen des 18. und 19. Jh. schwankt die Beurteilung der römischen Sklaverei bisweilen zwischen Abscheu und Bewunderung: »Sclaven haben die Römer seit den ältesten Zeiten gehabt ... Vier Umstände waren es vor allem, die in Folge des wachsenden Reichthumes die Vermehrung der Sclaven veranlaßten: das Aufhören des [familiären] Bauernwirtschaftens und das Überhandnehmen des grossen Grundbesitzes (mit Wirtschaftung durch Sclaven, die man vorzog, weil sie nicht zum Militärdienst eingezogen wurden); der Luxus des Lebens mit seiner Menge von bisher unbekannten Bedürfnissen; die durch die Masse der Sclaven entstehende Nothwendigkeit zur Verwaltung ... und die ... erst später angewendete Benutzung von Sclaven zu industriellen Zwecken.«

Joachim Marquardt, *Das Privatleben der Römer* ([2]1886) 136f.

durch Handel zu Reichtum kamen. Die ökonomischen Verhältnisse korrespondierten immer weniger mit der juristischen Struktur der Gesellschaft, und auch Versuche gesetzlicher Einschränkungen, z. B. ein Handelsverbot für Senatoren oder die Flächenbegrenzung von Landbesitz, konnten nicht verhindern, daß schließlich das althergebrachte System kollabierte: Die Nobilität verwandelte sich in eine Oligarchie, an ihrer Stelle entstand eine neue Schicht von reichen Kaufleuten und Bankiers (die sogenannten *homini novi*), das alte, freie Bauerntum verschwand fast völlig, die Produktion stützte sich zunehmend auf billige Sklavenarbeit, und die italische Bevölkerung mußte insgesamt in das römische Gesellschaftssystem integriert werden – ein Problembündel, das bald nicht mehr innerhalb der Prinzipien der Republik lösbar war.

46 Freigelassene Sklaven orientierten sich in ihrem gesellschaftlichen Aufstieg an der privaten Repräsentation der römischen Mittelschicht. Grabreliefs wie das des Popillius und der Calpurnia (Anfang 1. Jh. n. Chr.) demonstrieren das neue bürgerliche Selbstbewußtsein. Malibu, J. P. Getty Museum.

47 Das Caligulaportrait aus Malibu (J. P. Getty Museum) ist eines der wenigen Exemplare, die der Zerstörung der Bildnisse dieses der *damnatio memoriae* verfallenen Kaisers entgingen.

Bildnisse römischer Kaiser waren im ganzen Reich jedem Bewohner allgegenwärtig: als offizielle Statuen auf dem Forum, inmitten des Militärlagers oder an anderen Orten mit Publikumsverkehr, als Münzbilder, als Mittelpunkte von szenischen Reliefs an öffentlichen Bauten, auf Orden, Gemmen, Kameen usw. Auch wer den Kaiser nie leibhaftig gesehen hat – wie sicher die meisten seiner Untertanen –, hatte dennoch mittels seines Portraits eine konkrete Vorstellung von seiner Person und seiner Amtsführung.

Es wäre ein Irrtum anzunehmen, das Kaiserportrait sei ein individuelles Kunstwerk und zugleich eine Art in Marmor gemeißeltes Foto des Herrschers. Im Gegenteil: Seit der ›Erfindung‹ des mit physiognomischer Markanz ausgestatteten Herrscherbildnisses am makedonischen Königshof im 4. Jh. v. Chr. war das Portrait ein Propagandamedium, mit dessen Hilfe nicht das reale Gesicht des Herrschers, sondern ein von ihm gelenktes Image an die Öffentlichkeit vermittelt wurde. In der römischen Kaiserzeit wurde dazu in enger Abstimmung mit dem Hof ein Ur-Bild erzeugt, dessen Doubletten in alle Teile des Reiches versandt wurden und von denen wiederum Kopien hergestellt wurden. Fast alle erhaltenen Kaiserportraits sind diesen ›Enkeln‹ des Ur-Bildes zugehörig, was die oft erheblichen Divergenzen innerhalb ein und desselben Bildnis-Typs erklärt.

Römische Kaiser propagierten in ihren öffentlichen Portraits sehr verschiedene Images. In Details wie den Locken der kunstvoll arrangierten Frisur ist das Bildnis des Augustus (**52–54**; 27 v. Chr. – 14 n. Chr.) in allen, insgesamt drei Typen zuzuordnenden Exemplaren jeweils immer wieder pedantisch genau wiederholt. Augustus stilisierte sich als Garant für das von ihm proklamierte Goldene Zeitalter in dem als vorbildhaft empfundenen Stil der klassisch-griechischen Kunst (s. S. 62f.). Vespasian (69–79 n. Chr.), nach blutigen Thronwirren an die

48 Vespasian. Kopenhagen, Ny Carlsberg Glyptotek.

Macht gelangt, stand unter dem Zwang, eine neue Dynastie legitimieren zu müssen. Er ließ sich in seinen Portraits markant anders, nämlich als faltenreicher, von würdigem Alter und ehrenvoller Mühsal gezeichneter Mann in der Tradition der Privatportraits der republikanischen Zeit darstellen. Trajan wiederum (98 – 117 n. Chr.) bevorzugte, ganz im Sinne seiner Kriegspolitik, ein soldatisches Image. Caracalla (211 – 217 n. Chr.) propagierte ein Bildnis mit energischer Körperdrehung und zusammengezogenen Augenbrauen – eine steingewordene Körpersprache, die beim Betrachter Furcht und Respekt vor dem Kaiser erzeugen sollte. Das Portrait des Theodosius schließlich (**159**; 379 – 395 n. Chr.) stand ganz in der Tradition der vom realen Leben entrückten, formelhaft-abstrakten spätantiken Bildformen, die die hierarchische Distanz zwischen Herrscher und Volk eindrucksvoll vermitteln.

Das römische Kaiserbildnis hatte einen Rechtsstatus als Stellvertreter des Kaisers. Beleidigung oder unbotmäßiges Verhalten gegenüber dem Kaiserbild war ein Majestätsverbrechen. Bilder eines Kaisers konnten nach dessen Tod aber auch der offiziellen Zerstörung anheimfallen: Diese *damnatio memoriae*, die Verdammung des Andenkens, war ein Strafakt des Senats gegenüber vermeintlich besonders tyrannischen Kaisern. So wurden u. a. die Portraits von

49 Caracalla. Kopenhagen, Ny Carlsberg Glyptotek.

50 Silberdenar mit Bildnis des Trajan, zwischen 103 und 111 geprägt. Richmond, Virginia-Museum.

Caligula (37 – 41 n. Chr.), Nero (54 – 68 n. Chr.) oder Domitian (81 – 96 n. Chr.) vernichtet bzw. zum Teil in Portraits ihrer Nachfolger umgearbeitet.

Zahlreiche Portraits in alten Kunstsammlungen gerade solcher wegen der *damnatio memoriae* selten überlieferter Kaiser sind nicht antik. Sie wurden in der Neuzeit nach Münz- oder Gemmenbildnissen nachgefertigt, um in den Besitz einer vollständigen Reihe römischer Caesarenbilder zu gelangen (s. S. 128f.).

254–184 Plautus (Komödien)
234–149 Cato, Moralist und Agronom
ca. 200–120 Polybios, Historiker
170–90 Accius (Dramen und Tragödien)
106–43 Cicero (Reden, juristische Schriften, Briefe)
95–30 Nepos, Historiker und Biograph
90–ca. 20 Diodor (Weltgeschichte in 40 Büchern)
87–54 Catull (Gedichte und Elegien)
86–35 Sallust, Historiker
70–19 Vergil (u. a. Bucolica, Georgica, Aeneis)
65–8 Horaz (Oden, Satiren)
64/63 v. Chr.–um 23 n. Chr. Strabon (Geograph)
43 v. Chr.–17 n. Chr. Ovid (Elegien, Briefe, mythologische Dichtungen und Erotica)
4 v. Chr.–65 n. Chr. Seneca, Philosoph und Moralist
23–79 Plinius der Ältere (Naturgeschichte)
30–104 Frontinus (Schrift über Aquädukte)
37–95 Flavius Josephus (Jüdischer Historiker)
40–104 Martial (satirische Epigramme)
ca. 46–120 Plutarch (Biographien)
ca. 55–120 Tacitus (u. a. Germania; Historiae)
62–113 Plinius der Jüngere (Briefe)
65–128 Juvenal (Satiren)
ca. 150–200 Pausanias (Reisebericht)
155–235 Cassius Dio, Historiker
175–242 Ammonios Sakkas, Begründer des Neo-Platonismus
um 330–um 395 Ammianus Marcellinus, Historiker
354–430 Augustinus, christlicher Philosoph und Ethiker

51 Das Forum Romanum wandelte sich unter Caesar und Augustus vom einstigen politischen Mittelpunkt der Republik zur Kulisse einer Monarchie. Den östlichen Abschluß des Platzes bildeten der Caesar-Tempel mit zwei die Hauptzugangswege überspannenden Triumphbögen des Augustus rechts und links daneben. Rekonstruktionszeichnung.

Augustus oder: Die verlorene Republik

Bereits zu Caesars Zeiten war die Republik als politische Institution durch allerlei Sonderregelungen desavouiert worden: Das erste Triumvirat mit Pompejus und Crassus (60 v. Chr.) war nicht viel mehr als eine private Vereinbarung außerhalb aller staatlichen Regularien, irregulär war Caesars über viele Jahre andauernde Statthalterschaft in Gallien, ungedeckt durch Beschlüsse seine Kriege, und als Caesar das Ultimatum des immer nervöser werdenden Senats, sein Heer aufzulösen und alle Ämter niederzulegen, ignorierte (49 v. Chr.), begann er – mit der bewaffneten Überschreitung des Rubikon – aus rechtlicher Sicht einen offenen Krieg gegen den Staat, in dessen Verlauf er sich sogar zum Diktator auf Lebenszeit und zum Konsul auf zehn Jahre küren ließ.

Wie so oft bei Staatsstreichen war der vorgebliche Grund dafür die Rettung des Staates vor dem Untergang, und so wurde Caesar nicht müde, sich bei allen gegen die Republik gerichteten Handlungen zugleich immer als Wahrer republikanischer Traditionen zu gebärden. Als Caesar 44 v. Chr. in Rom einem Attentat zu Opfer fiel, war es sein Großneffe Gaius Octavianus, der sich – wieder in einer alle staatlichen Institutionen ignorierenden Privataktion – zum Rächer aufschwang und nun seinerseits auf schon bewährte Weise »im Namen der Republik« Bürgerkrieg gegen die Caesarmörder führte, der erst mit dem gegen Mark Anton erfochtenen Seesieg 31 v. Chr. bei Actium (in Nordwestgriechenland) und der Einnahme von Alexandria (30 v. Chr.) entschieden und nach Abschluß verschiedener Strafaktionen an Mark Antons Parteigängern beendet war.

Was nun begann, war ein raffiniertes Ränkespiel um Macht und Einfluß, denn als Octavianus nach Rom zurückkehrte und sich die Situation insgesamt konsolidiert hatte, wurde in einem aufwendigen Festakt 27 v. Chr. die »Wiederherstellung der Republik« begangen und zugleich Octavianus mit dem Titel *Augustus* (»der Erhabene«) geehrt. Nichts aber war tatsächlich wie früher, auch wenn alles nach Recht und Gesetz gedeckt war und Augustus alles daransetzte, dies jedenfalls so scheinen zu lassen. Ohne irgendein offizielles Amt zu haben, usurpierte Augustus zugleich unter Hinweis auf seine *auctoritas*, seine würdevolle Autorität, eine ganze Reihe von faktischen Befugnissen auf Dauer, wobei er von Zeit zu Zeit im Stile eines bescheidenen Republikaners durch Senat und Volk ihm übergebene Vollmachten öffentlichkeitswirksam zurückwies, im Grunde aber den Ausbau eines monarchischen Regierungssystems verfolgte, das eben den dauerhaften Gebrauch dieser Befugnisse voraussetzte.

Augustus wurde so zum *princeps* (Erster unter Gleichen), zum Inhaber der tribunizischen und konsularischen Amtsgewalt auf Lebenszeit (ohne eigentlich Tribun oder Konsul zu sein), übernahm den Titel *pontifex maximus* (oberstes Priesteramt) auf Lebenszeit, erhielt schließlich ein unbefristetes und nicht spezifiziertes *imperium*, das den Ober-

52 Der Kaiser beim Opfer. Augustus stellt sich hier als moralisches Vorbild an Frömmigkeit dar, ganz im Sinne altehrwürdiger, republikanischer Ideale. Rom, Thermenmuseum.

53 Der Kaiser als Feldherr in heroischer Pose. In subtil miteinander verwobenen Bildszenen verkünden die Reliefs des Brustpanzers das neue, goldene Zeitalter. Im Mittelpunkt steht die durch Verhandlungen bewirkte Rückgabe der Feldzeichen, die Crassus nach einer Niederlage an die Parther verloren hatte. Rom, Vatikanische Museen.

54 Der Kaiser als Bürger: Die Kamee zeigt Augustus mit der Bürgerkrone, die ihm 27 v. Chr. vom Senat verliehen wurde. Diese *corona civica* mutierte schon bald vom einfachen Eichenkranz zu einem monarchischen Herrschaftssymbol. London, British Museum.

befehl über die Truppen sowie Entscheidungsbefugnisse in allen außenpolitischen und die Provinzen betreffenden Fragen garantierte. Der Tatenbericht des Augustus, kurz vor seinem Tod 14 n. Chr. verfaßt und überall im Reich als Inschriftenstele verbreitet, dokumentiert eindrucksvoll, mit welcher rhetorischen, juristischen und psychologischen Finesse hier offiziell die Rettung und ›Wiederherstellung‹ der Republik vollzogen wurde und mit welcher Nachhaltigkeit sie zugleich de facto abgeschafft wurde. Als dieses an sich auf eine bestimmte Person mit bestimmten überragenden Eigenschaften, nämlich auf Augustus bezogene System nach seinem Tode 14 n. Chr. ohne größere Widerstände auf einen Nachfolger, seinen Stiefsohn Tiberius, vererbt wurde, war aus der Republik auch formal eine Monarchie geworden.

Das ökonomische Fundament der Aristokratie: Von Landvilla, Stadthaus und Müßiggang

Hatten die inneren Konflikte des 1. Jh. v. Chr. das ökonomische Fundament der Wohlhabenden durch Enteignungen, Sklavenaufstände, Bürgerkriege sowie durch die Folgen der Außerdienststellung riesiger Heereskontingente empfindlich getroffen und besonders die Landwirtschaft in Mitleidenschaft gezogen, so führte seit der Regentschaft des Augustus eine langandauernde Friedensperiode zu schneller Prosperität. Um ein allseits akzeptiertes Mitglied der römischen Oberschicht zu sein, mußten vier Kriterien erfüllt sein: Reichtum, Ausübung höherer Politik- oder Verwaltungsfunktionen, gesellschaftliche Reputation und Mitgliedschaft in einem *ordo* (Stand): entweder in dem der Senatoren bzw. der Ritter oder zumindest in dem der Lokalhonoratioren (*ordo decuriones*). Aristokratische Abstammung hingegen war keine zwingende Voraussetzung, und so unterteilte sich die Oberschicht in adlige *nobiles* und nicht-adlige *homines novi*, »neue (-reiche) Männer«.

Das Bedingungsgeflecht aus ökonomischer Potenz, Verantwortlichkeit gegen Staat und Klientel sowie Zwang zur Repräsentation erforderte ständige Mobilität. Basis des Reichtums waren die großen Ländereien: Kaum 6 % der Bevölkerung besaßen über 90 % des Ackerlandes im ganzen Reich. Diese Latifundien bildeten nur selten geschlossene Flächen, sondern bestanden aus bisweilen sehr weit verstreutem Grundbesitz, der insgesamt zu organisieren und verwalten war, und auch gut eingespieltes Personal konnte nicht verhindern, daß von Zeit zu Zeit ausgedehnte Inspektionsreisen nötig wurden. Die politisch–administrative Ämtertätigkeit wiederum vollzog sich in der Stadt, und um den nötigen Verpflichtungen nachkommen zu können, wurde ein repräsentatives Stadthaus benötigt.

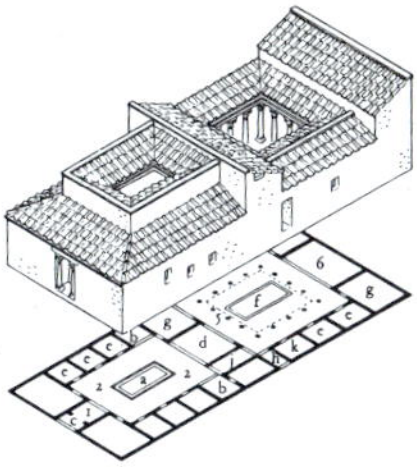

55 Stadthaus aus Pompeji. Rekonstruktion. Im vorderen Teil das Atrium, im hinteren ein Peristyl-Hof. Darum herum gruppieren sich die Privat- und Repräsentationsräume. In die Frontseite solcher Häuser waren oft Ladengeschäfte integriert, die nur von der Straße aus zugänglich waren.

Das eigentliche Refugium der Vermögenden aber war die meist stadtnah gelegene Villa: ein vielgestaltiges, luxuriös eingerichtetes Konglomerat aus Wohn- und Schlafräumen, Gärten, Säulenhallen, meist an einem Berghang oder in anderer naturdominierender Lage errichtet, wo zudem die Natur durch konstruierte Blickachsen und Prospekte in die Lebenswelt mit einbezogen war und wo man zugleich repräsentieren, aber auch die Stunden der Muße zubringen konnte. Der jüngere Plinius, zur Zeit des Kaisers Trajan einer der vermögendsten Römer, besaß verschiedene solcher Villen. Eine davon, im oberen Tibertal gelegen, beschrieb er in einem seiner zahlreichen Briefe. Dabei wird auch deutlich, daß eine Villa nicht nur ein Bauwerk war, sondern die Verkörperung eines Lebensstils:

56 Das J. P. Getty Museum in Malibu, in den 70er-Jahren als eine Kopie der im Vesuvausbruch von 79 n. Chr. verschütteten »Villa dei Papiri« aus Herculaneum entstanden, vermittelt einen guten Eindruck von Prunk und Weitläufigkeit, wie dies bei stadtnahen Residenzen der Wohl-

»Die Villa liegt am Fuß einer Anhöhe, blickt aber wie von oben in die Landschaft. Zu einem großen Teil ist sie nach Süden gebaut. Sie hat einen großen Portikus, an den viele Räume grenzen, darunter auch ein Atrium nach Art der Vorfahren. Vor der Säulenhalle liegt ein langer Wandelgang, auf vielerlei Arten unterteilt und mit schattenspendendem Buchsbaum eingefaßt. Am einen Ende der Säulenhalle springt ein *triclinium* (Speiseraum) hervor; durch Flügeltüren blickt man auf Wiesen und viele Felder. Am anderen Ende tritt ein sehr großes *cubiculum* (Schlafzimmer) entgegen; unter den Fenstern liegt eine *piscina* (Wasserbecken): angenehm als Geräusch und Anblick, denn von oben herabsprudelndes Wasser wird aufgefangen und schäumt. Dann führt das weite und heitere *apodyterium* (Umkleideraum) des Bades an ein großes, schattiges Schwimmbecken. Das hintere *triclinium* läßt mit großen Fenstern und Flügeltüren die Weinpflanzungen an den Hängen fast herein. An vielen Orten sind Marmorsessel aufgestellt; bei den Sesseln finden sich kleine Quellen. Überall tönen kleine Wasserläufe, die durch Röhren herangeführt sind und die, wie die Hand sie führt, folgen: Mit ihnen werden bald diese, bald jene Gartenflächen bewässert, gelegentlich alle zugleich ... Dies sind nur einige der Gründe, warum ich diese Villa meinen anderen in Tusculum, Tiburtinum und Praeneste vorziehe, denn hier ist das *otium* (die Muße) tiefer, fruchtbarer und sicherer: kein Zwang zur Toga und keiner, der einlädt.« (Plinius, *epistulae* 5, 6, 14–46, Übersetzung R. Förtsch).

57 Die Villa des Kaisers Hadrian, 130–140 n. Chr. bei Tivoli nahe Rom entstanden, war ein gigantisches Architekturkonglomerat aus Baustrukturen verschiedenster Herkunft und Zeiten. Modell.

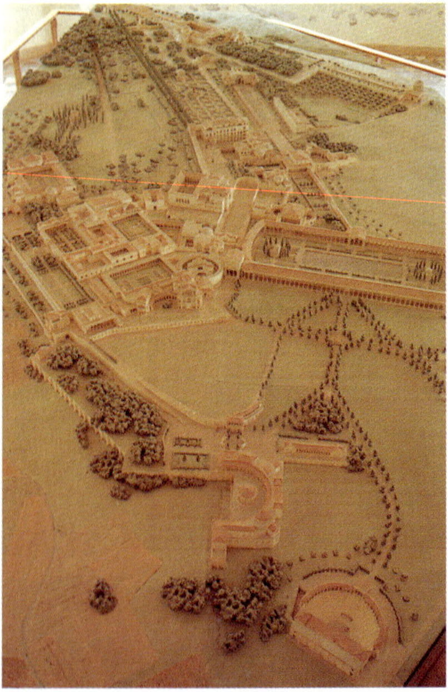

Politik, Mythos und Kunst: Künstlerische Medien als Vermittler von Ideologie

Die ›offizielle‹ römische Kunst hatte insgesamt eine starke politisch-ideologische Komponente – eine über Forschergenerationen hinweg negativ bewertete Eigenschaft, die sie, jedenfalls aus humanistisch-verklärter Perspektive, gegenüber einer als ›zweckfrei‹ und ›inspiriert‹ gepriesenen griechischen Kunst lange Zeit als funktionsgebundene ›Profan-Kunst‹ charakterisierte und damit auf eine Stufe mit banalem Kunstgewerbe stellte. Dies ist jedoch ein Trugschluß, denn in keiner Gesellschaft, weder in antiker noch in moderner Zeit, ist Kunst unpolitisch: Jedwede Kunst ist immer und in allen ihren Verästelungen Produkt und damit zugleich Spiegel gesellschaftlicher Bedingtheiten. Was die politisch-ideologischen Implikationen der Kunst der römischen Kaiserzeit aber so evident macht und diesen Aspekt so besonders hervortreten läßt, ist ihre vergleichsweise simple Struktur: gewissermaßen eindimensionale Auftragskunst innerhalb eines zentralistisch-hierarchisch organisierten Entstehungsumfelds und nicht mehrdimensionales Produkt eines plural strukturierten, gesellschaftlichen Mit- oder Gegeneinanders.

Das von Augustus proklamierte »Goldene Zeitalter« – in den Augen der Herrschenden in jeder Hinsicht der Gipfel der römischen Republik, tatsächlich jedoch die geschickte Verklärung eines Putsches und der Errichtung einer Monarchie – war in allen künstlerischen Medien der Zeit als Ideal präsent. Ob in Lyrik oder Prosa bei Horaz, Vergil oder Ovid, ob in privaten oder öffentlichen Bildern, Bauten, Festen und Opfern: Überall wurde Augustus und seine Regentschaft in regelrecht mythischer Überhöhung gepriesen. Raffiniert komponierte Bilder thematisierten dies in immer neuen Varianten: Das Tellus-Relief an der Ara Pacis (**64**), dem in Rom errichteten Friedensaltar des Augustus, zeigt in klassischer, ewige Gültigkeit

58 Die Wiener Augustus-Kamee. Oben: Augustus als Jupiter im Kreise römischer Götter und seiner Familie. Unten: Nach siegreicher Schlacht werden ein Tropaion errichtet und Gefangene versklavt. Wien, Kunsthistorisches Museum.

59 Auch wenn über die Bedeutung der Darstellungen auf der Portland-Vase im Detail keine Klarheit besteht, ist hier die Lebenswelt der Oberschicht thematisiert. 1786 fertigte Josiah Wedgwood einen Model, mit dessen Hilfe zahlreiche moderne Kopien gefertigt wurden.

60 Römisches Schwergeld mit Stierabbildung, um 280 v. Chr. Berlin, Staatliche Museen.

Wie die Anfänge der römischen Republik, so liegt auch der Beginn der römischen Münzprägung im dunkeln. Der immer wieder zitierte Bericht in der *naturalis historia* (»Naturgeschichte«) des älteren Plinius (Buch 33, Kapitel 42–44) über das römische Münzsystem und seine Geschichte ist wenig verläßlich. Vergleichsweise spät erst hat Geld als ein Maßstab für wirtschaftlichen Austausch in die römische Gesellschaft Einzug gehalten. Es ersetzte, zuerst in Form von Schwergeld, später in Gestalt von geprägten Münzen, das bis dahin übliche, auf dem Viehtausch basierende System. Demzufolge leitet sich der römische Begriff *pecunia* (»Geld, Vermögen«) von *pecus* (»Vieh«) ab, ein Zusammenhang, der auf den ersten Schwergeldprägungen durch die Darstellung von Vieh noch unmittelbar ersichtlich war und den Römern auch in späteren Jahrhunderten, als sich das nach Nennwerten gestaffelte System des Münzgelds durchgesetzt hatte, immer erinnerlich war.

Die Römer verschmolzen ihr an sich zunächst ganz eigenständiges Geldsystem im Zusammenhang mit der immer weiter voranschreitenden Expansion des Reiches mit Konventionen des Münzwesens der hellenistisch-griechischen Welt. Schon früh zeigten römische Münzen zudem eine wichtige Eigenschaft jenseits ihres monetären Tauschwerts: Sie waren nicht nur Geld, sondern auch ein bevorzugter Träger von Bildern und Botschaften. In Serien geprägt, konnten einmal ausgegebene Münzen mit großer Geschwindigkeit weite Teile der Bevölkerung erreichen. Dies machte sie zum idealen Medium der Verbreitung politischer Appelle und der Darstellung des staatlichen Selbstverständnisses.

Verschiedenste piktogrammhafte Bildszenen zierten die Münzen, die Appelle an die Bürgergemeinschaft formulierten (z. B. zwei ineinandergreifende Hände als Symbol für die *concordia*, die Eintracht), die aber auch Hinweise auf Stärke und Schlagkraft des Staates gaben (z. B. durch Bilder von Schiffsschnäbeln als den Symbolen für die Flotte oder Darstellungen von Denkmälern aus Beutewaffen und der Siegesgöttin Victoria – beides Metaphern für militärischen Erfolg). In erheblicher Vielfalt fanden sich ferner Bilder, die auf die *pietas*, die religiöse Frömmigkeit als eine römische Kerntugend abzielten: Bilder von Göttern und Heroen, aber auch von Prozessionen und einzelnen Kulthandlungen. Schon früh fanden sich auf den Münzen Beischriften: entweder schlagwortartige Erläuterungen des Bildmotivs oder aber Signaturen der *tresviri monetales*, der zu »Münzmeistern« gewählten Prägeherren.

In den Bürgerkriegen des 1. Jh. v. Chr. veränderte sich die komplexe Bildsymbolik auf den Münzen zu personenbezogener Propaganda, die unmittelbar auf das Tagesgeschehen Bezug nahm und so zum vielfältigen Zeugnis der inneren Konflikte und der Zerrissenheit des Staates wurde. Politiker-Portraits fanden sich nun ebenso häufig wie erste Visualisierungen der vermeintlichen genealogischen Abstammung einzelner Clans aus der Staatsmythologie: Caesar z. B. propagierte die Göttin Venus als Stammutter seines Clans, der *gens Julia*, und ließ kurz vor seiner Ermordung 44 v. Chr. sogar sein Bildnis mit der Beischrift *dictator perpetuo* (»Diktator auf Lebenszeit«) prägen – ein massiver Affront gegen alle einstigen, auf Pluralismus und Gruppenkonsens ausgerichteten politischen Gepflogenheiten der römischen Republik. Demgegenüber waren die Münzen der Kaiserzeit stereotyp und plakativ: Ganz überwiegend zierte die Vorderseite ein Kaiserportrait, auf der Rückseite fanden sich in chiffrenhafter Verkürzung Symbolisierungen und Personifikationen von Tugenden, Götterbilder oder religiöse Szenen, die appellativen oder die kaiserliche Politik erläuternden Charakter hatten (**64**). Mit zunehmender Bedeutung des Militärs häuften sich zudem Botschaften an ein soldatisches Publikum. Nur auf hochwertigen Münzen aus Edelmetall fanden sich kompliziertere Motive, die militärische Siege Roms oder das Staats- und Religionsverständnis einzelner Kaiser in reliefartigen, szenischen Bildern zur Schau stellen.

61 Goldmedaillon Constantius' I. mit fast piktogrammhafter Darstellung der Eroberung Londons 296 n. Chr. Berlin, Staatl. Münzkabinett.

62 Kaiser Septimius Severus (193–211) propagierte in nahezu allen Bildmedien die Neugründung einer Herrscherdynastie durch die Darstellung von Familienangehörigen. Goldmünze mit Septimius Severus und seinem Sohn Caracalla. London, British Museum.

63 Das Reliefband der Trajans-Säule in Rom zeigt Szenen aus den Kriegszügen gegen die Daker. Besonders hervorgehoben wird immer wieder die Ingenieurskompetenz der Armee, etwa beim Bau eines Feldlagers.

suggerierender Formensprache eine allegorisch-bukolische Szene, in der Wohlstandsideologie und Staatsmythologie zu einem metaphorischen Wunschbild der Gesellschaft verschmelzen. Zugleich war die mit vielen weiteren, ähnlich intendierten Bildern geschmückte Ara Pacis als Bauwerk in eine gigantische Sonnenuhr eingebunden, die wiederum in mannigfacher Weise auf Lebensdaten des Augustus und seine politische wie militärische Karriere anspielte – ein dynastischer Monumentkomplex, in dem Augustus am Ende sogar zum Vollender der Weltschöpfung geriet. Vergleichbare Verschmelzungen von Mythos und politischer Ideologie zeigten auch Kunstwerke aus der Privatsphäre, sei es aus dem unmittelbaren Umkreis des Kaiserhofes wie der berühmte Wiener Augustus-Kameo (**58**) oder aus der Lebenswelt der wohlhabenden Oberschicht allgemein, wie die Portland-Vase in London (**59**).

Mit fortschreitender Etablierung des Kaisertums vereinfachte sich die Struktur der Bildsprache der römischen Kunst. Anspielungsreiche Camouflage, wie in der Zeit des Augustus, wurde entbehrlich und wandelte sich zu unmittelbareren Bildkonzepten, in deren Mittelpunkt meist der Kaiser bzw. eine griffige Botschaft stand. Eine neuartige Gattung von Bildern, die ›historischen Reliefs‹, zeigten Allegorien kaiserlicher Tugenden innerhalb fast ›real‹, historisch anmutender Szenarien. Daß sich jedoch etwa das Reliefband der Trajans-Säule in Rom nicht als authentische, filmartige Abschilderung der Dakerfeldzüge verstehen läßt, wird erst bei näherem Hinsehen deutlich: Vielmehr

64 Tellus-Relief von der Ara Pacis in Rom, 9 v. Chr. eingeweiht.

ist hier eine Ballung von erfolgreichen Kriegshandlungen, von überlegener römischer Technologie und ihre Kontrastierung mit einer kulturell hoffnungslos unterlegenen, bisweilen kopflos-panisch reagierenden Gegnerschaft ins Bild gesetzt. Und die berühmte *alimentatio*-Szene des Trajansbogens von Benevent (**114**) meinte trotz der so fotografisch-realistischen Schilderung eben nicht ein konkretes Ereignis, sondern propagierte die väterliche Fürsorge des Kaisers, der für die *alimentatio* (kostenlose Nahrungsverteilung an Bedürftige) sorgte, als eine generelle Herrschertugend.

Die Bildszenen des Constantinsbogens im Rom schließlich zeigen überdeutlich, daß sich im Laufe der Jahrhunderte ein typisiertes Repertoire von allegorischen Bildern ausprägte, das sogar in Wiederverwendung seinem ideologischen Zweck gerecht wurde. Nur wenige der Reliefs sind extra für den Bogen gearbeitet; die meisten hingegen Bauten aus der Zeit Trajans, Hadrians und Mark Aurels entnommen. Ihre Neukombination an einem Monument ist zum einen ein Hinweis auf direkte politisch-ideologische Rückbezüge konstantinischer Staatsvorstellungen, zum anderen aber auch Indikator für die Kontinuität des Ideologiegehaltes einzelner Bildformeln.

65 Rom, Constantinsbogen, 315 n. Chr., Südseite. Die Rundbilder sind hadrianisch, die großen Reliefs in der Attika-Zone stammen von einem Denkmal aus der Zeit Mark Aurels, die Reliefs in den Durchgängen vom Trajansforum.

Prunk und Luxus der römischen Oberschicht

Wenn der römische Schriftsteller Sueton (ca. 70–150 n. Chr.) in seiner Biographie des Augustus berichtete, daß jener »Rom in solchem Maße verschönert hat, daß er sich mit Recht rühmte, eine Stadt aus Ziegeln übernommen und eine aus Marmor hinterlassen zu haben«, dann ist dies zwar übertrieben, im Kern jedoch richtig. Mit gewaltigem Aufwand wurden öffentliche Gebäude renoviert, und Prunk und Luxus wurde nun

66 Die Villa Jovis, von Tiberius auf Capri erbaut, ist ein frühes Beispiel für eine luxuriöse Kaiservilla.

auch zum Charakteristikum von privaten Villen, Residenzen und Palästen. Dabei blieb der Bau- und Ausstattungsluxus zunächst auf den öffentlichen Bereich beschränkt: In seinen *res gestae*, dem am Ende seiner Regentschaft überall im Reich verbreiteten Tatenbericht, rühmte sich Augustus, allein in Rom zahlreiche öffentliche Gebäude mit eigenem Geld verschönert zu haben. Im Privatbereich hingegen ließ Augustus, ganz in republikanischer Tradition, Bescheidenheit walten. Sein Haus auf dem Palatin war eher klein und, verglichen mit den Residenzen seiner Nachfolger, spartanisch ausgestattet.

Mit Tiberius, dem Nachfolger des Augustus, schwanden dann bei Kaiser und Oberschicht alle republikanischen Skrupel. Fortan waren römische Kaiser Autokraten, die über unermeßliche Geldmittel verfügten und einen bisweilen legendären Prunk in der Öffentlichkeit, aber auch in ihren Palästen entfalteten. Zugleich wurden sie zu Leitfiguren, die von der wohlhabenden Oberschicht in ihrem Tun imitiert wurden, so gut es das jeweilige Vermögen zuließ. Wertvollste Materialien fanden als Baustoffe für immer größere Palast- und Villenanlagen Anwendung: nicht nur Marmor und farbige Steinsorten, sondern auch Edelmetalle, Elfenbein und Edelsteine. Unermeßlich kostbares Interieur, Mobiliar und Geschirr wurde aus allen Teilen des Reiches für die Innenausstattung beschafft, und raffinierte technische Errungenschaften wie Heizungen, Be- und Entlüftungen, die Einbeziehung von Naturinszenierungen, von Grotten und Höhlen in den Wohnbereich, dramatisch-effektvolle Lichtführungen durch Fenster in Wand und Dach, reiche Mosaik- und Malereiausstattung wurden genauso zum Standard wie

67 Odysseus und seine Gefährten blenden den Riesen Polyphem. Statuengruppe aus einer Kaiservilla bei Sperlonga. Rekonstruktion.

68 Der Silberschatz von Boscoreale aus dem 1. Jh. n. Chr. gibt einen Hinweis auf den Tafelluxus der römischen Oberschicht. Paris, Louvre.

Luxus auf allen erdenklichen anderen Ebenen: bei Kleidung, Schmuck, Speisen und Getränken. Verschwenderischer Prunk in allen Lebenssphären wurde regelrecht zu einem Leitmotiv der römischen Oberschicht. Daß derartige Pracht ihre Wirkung auf die Zeitgenossen nicht verfehlte, ist verständlich. Nicht selten wurde dieser private Luxus als übertrieben und dekadent gebrandmarkt, doch offenbar nur von jenen, die dem Vorbild der Kaiser nicht folgen konnten, denn insgesamt war die römische Oberschicht bestrebt, es den Kaisern zumindest im Grundsatz gleichzutun. Und so entstanden zahlreiche Landvillen und Stadthäuser, die die jeweilige Ausstattungsmode aufgriffen und in kleinerem Maßstab imitierten.

Der als geizig verschriene Tiberius war sparsam nur in den öffentlichen Ausgaben. Auf Capri ließ er sich eine luxuriöse Villa erbauen, deren Baureste mitsamt der in die Villa einbezogenen »blauen Grotte« mehr als eine flüchtige Ahnung zulassen, in welchem Luxus Tiberius hier lebte. Legendär war die *domus aurea*, das »Goldene Haus« des Nero, eine gewaltige Palastanlage, die nach dem Rom-Brand von 64 n. Chr. mitten in der Stadt erbaut wurde und mit allem erdenklichen Luxus ausgestattet war. Sueton beschrieb den Bau in seiner Biographie des Nero: »Die Anlage war so ausgedehnt, daß eine Halle mit drei anderthalb Kilometer langen Säulenhallen sie schmückte. Darin befand sich ein Teich, der wie ein Meer von Gebäuden umgeben war, die Städte darstellten, verschiedene Ländereien mit Feldern, Rebbergen und Weiden. Alles war mit Gold, Edelsteinen und Perlmutt bedeckt. Die Speisezimmer hatten Decken aus beweglichen, durchlöcherten Elfenbeinplatten, so daß man von oben herab über die Gäste Blumen streuen oder Parfüm sprengen konnte. Der Hauptspeisesaal war rund, und seine Decke drehte sich Tag und Nacht, wie das Weltall.« Nach dem Tod Neros wurde dieser Palast abgerissen und auf dem städtischen Areal das Kolosseum sowie Parkanlagen errichtet – ein wohlkalkulierter Akt der »Rückgabe« dieses privatisierten Terrains an die Öffentlichkeit durch sich volksnah gerierende flavische Kaiser.

69 Der einem Militärlager nachempfundene Diokletianspalast in Split entstand als Alterssitz des Kaisers Anfang des 4. Jh. n. Chr. und beinhaltet heute die gesamte Altstadt. Rekonstruktionszeichnung des 19. Jh.

Unter Domitian wurde die riesige Residenz auf dem Palatin in Rom – hiervon leitet sich das Wort »Palast« ab – erbaut; ein Bau, der von nun an der stadtrömische Herrschersitz aller folgenden Kaiser sein sollte (**75**). Auch hier wurde an nichts gespart. Von Domitian ist überliefert, daß er den Jupitertempel auf dem Kapitol mit insgesamt 300 Tonnen Gold überziehen ließ, und die neuerbaute Palastanlage dürfte dem kaum nachgestanden haben. Ähnlich aufwendig war wahrscheinlich auch die Villa des Domitian ausgestattet, die bei Castelgandolfo auf dem Gelände der heutigen päpstlichen Sommerresidenz entstand. Fast eine Welt im Kleinen war schließlich die Villa des Hadrian bei Tivoli in Latium (**57**): Der weitgereiste Kaiser ließ hier ein kostbar ausgestattetes Architekturkonglomerat errichten, das Bauformen aus dem ganzen Reich zu einer pittoresken Collage verband.

Kunsträuber und Kopisten an der Arbeit: Griechische Kunst in neuem Kontext

Kaum ein Sachverhalt hat – zumindest aus der Sichtweise des auf Griechenland fixierten Humanismus – mehr zum Negativ-Image der römischen Kultur beigetragen als der hemmungslose Rückgriff der Römer auf griechische Kunst durch Raub und Kopie. Im Zuge der römischen Eroberung Griechenlands wurde es schnell zu einer regelrechten Mode innerhalb der römischen Oberschicht, griechische Kunst zu besitzen, sie im Haus oder im Garten aufzustellen. Es ist jedoch kaum angemessen, dies als einen uneigenständigen und deshalb typischen Zug der römischen Kultur zu brandmarken, denn tatsächlich offenbart sich hier etwas wegweisend Neues: Erst mit diesem Zugriff der Römer auf eine ›altehrwürdige‹ Kunst entstand ein auf Einzeldenkmäler und ihre Urheber bezogener Kunstbegriff, der unserem modernen Verständnis vom Künstler und seinem Werk zugrunde liegt. Für die griechische Antike archaischer und klassischer Zeit waren dies irrelevante Kriterien: Die Statuen waren Handwerksprodukte, zugleich durchweg Bestandteile des öffentlichen Lebens und dienten nie privaten Bedürfnissen.

70 Die Korenhalle vom Erechtheion auf der Athener Akropolis, ca. 410 v. Chr.

71 Kopien der Erechtheion-Koren in der Hadriansvilla bei Tivoli, ca. 140 n. Chr. Sie waren hier Teil eines neu zusammengestellten Reigens klassischer Plastik verschiedenster Provenienz.

Von den verschiedenen Varianten der imitativen Nachschöpfung (s. S. 62f.) einmal abgesehen, gab es zwei Wege, an die begehrte griechische Kunst zu gelangen. Effektiv, aber auch radikal war der Raub von griechischen Kunstwerken in der Folge der Kriegszüge und der Unterwerfung von Gebieten. In riesigem

72 Griechische Bronzeskulptur von ca. 450 v. Chr.: Antike Kunstbeute aus einem nahe dem Ort Riace entdeckten römischen Schiffswrack. Reggio/Calabria, Museum.

73 Römischer Gipsabguß (Kopf-Fragment) von einem Athener Denkmal des frühen 5. Jh. v. Chr., wie er auch für Statuenkopien Verwendung fand. Baiae, Museum.

Umfang wurden Heiligtümer, Marktplätze und Friedhöfe der Städte geplündert. Begehrt waren besonders die Werke der berühmten Bildhauer aus der Klassik des 5. und 4. Jh. v. Chr.: z. B. Myron, Polyklet, Phidias, Alkamenes, Praxiteles, Lysipp, deren Ruhm durch die Begehrtheit ihrer Werke nur noch stieg. Teile der *naturalis historia* des älteren Plinius lesen sich wie ein Vademecum berühmter griechischer Statuen und Bildhauer.

Griechische Kunst war, wie Gefangene, Beutewaffen etc., Kriegsbeute, die bei Triumphzügen dem Volk feierlich präsentiert und dann in Rom öffentlich aufgestellt wurde. Für die Provinzstatthalter wurde es aber bald zu einem normalen Vorgang, in ihrem Einflußbereich originale Kunst zu unterschlagen und nach Italien an Privatleute zu verkaufen. Als Cicero als Ankläger gegen Gaius Verres auftrat, der 73–71 v. Chr. als Statthalter Siziliens die Plünderung der Provinz übertrieb, dann war weniger der Raub von Kunst an sich der Vorwurf als vielmehr der Umstand ihrer Privatisierung und die illegale persönliche Bereicherung des Verres, denn nach offizieller Rechtslage gehörte diese Kunst der Öffentlichkeit, also dem Senat und dem Volk von Rom.

Die zweite Möglichkeit, in den Besitz von griechischer Kunst zu gelangen, war weniger spektakulär, aber im Hinblick auf die privaten Bedürfnisse der Römer weitaus angemessener: die massenhafte Herstellung von Kopien. Dies erlaubte nicht nur, auch nicht transportable Kunst und solche, die, aus welchen Gründen auch immer, vor Ort verblieb, verfügbar zu machen. Vor allem war auf diese Weise die Reproduktion in beliebigen Stückzahlen möglich. Ganze Serien von solchen Kopien, zwischen 100 v. und 150 n. Chr. geschaffen, haben sich erhalten und können Archäologen wichtige Aufschlüsse über die griechische Plastik geben, denn die Originale des 5. und 4. Jh. v. Chr. bestanden überwiegend aus Bronze-

Unikaten, die entweder schon in der Antike verschollen sind oder im Mittelalter zu Waffen umgeschmolzen wurden.

Heerscharen von Kopisten bevölkerten die öffentlichen Plätze Griechenlands. Ihr Kopierverfahren ähnelte dabei heutiger Technik: Die Originale wurden mit Hilfe von Modeln abgeformt, daraus ein Duplikat (meist aus Gips) erstellt, das dann als Vorlage mittels eines Meßverfahrens in Marmorplastik umgesetzt wurde. Bei Baiae am Golf von Neapel fanden sich bei Ausgrabungen solche Gipsabformungen von griechischer Skulptur in großer Zahl. Meisterwerke sehr großen Formats wurden, wie etwa die von Phidias um 440 v. Chr. geschaffene 12 m hohe Gold-Elfenbeinstatue der Athena Parthenos im Parthenon auf der Athener Akropolis, entweder durch Nachmeißelung vor Ort auf handliches Format verkleinert oder aber nur Teile, wie etwa einzelne Szenen der Reliefs des Schildes der Göttin, wurden – dann wiederum als Abformung – in Originalgröße kopiert. Solche Kopien waren überall im römischen Reich verbreitet und konnten ohne weiteres in die Privatsphäre transferiert werden. Griechische Kunst wurde in den Händen der Römer zu einer Art Setzkasten: Je nach Vermögen, Vorliebe und Geschmack ließen sich thematisch zusammengestellte Statuenzyklen anfertigen, die aus Kunstwerken verschiedenster Provenienz und Zeitstellung zusammengefügt waren.

Kultur gegen Natur: Ein Universalgegensatz als Gesellschaftsmotto

Wenn Plinius in seiner *naturalis historia* im 36. Buch die *cloaca maxima*, den großen Abwasserkanal in Rom, mit den Worten beschreibt: »Es kämpfen im Innern die verschiedenen Gewalten der Gewässer, und doch widersteht unnachgiebig der feste Bau; herabstürzende Trümmer schlagen bei Bränden gegen die Gewölbe, der

»Derselbe Prätor Verres hat uralte Baudenkmäler und Kunstwerke, die teils die Könige zum Schmuck der Städte stifteten, teils unsere Feldherren nach ihren Siegen den sizilischen Städten schenkten, geraubt, gestohlen und geplündert. Und dies tat er nicht nur bei Statuen und Kunstwerken, sondern er hat auch alle Tempel beraubt. Überhaupt hat er den Sizilianern keinen Gott, der ihm von einigermaßen geschickter Hand und aus alter Zeit zu sein schien, zurückgelassen.«

Marcus Tullius Cicero, *Gegen Verres* 14, in seiner Auflistung der Anklagepunkte beim Prozeß 70 v. Chr.

74 Der Pont du Gard bei Nîmes. Die 50 km lange Wasserleitung überwindet bergiges Terrain mit Brücken und Tunnels. Das Gefälle beträgt minimale 29 cm pro Kilometer (17 m auf 50 km).

Boden wird durch Erdbeben erschüttert, und dennoch steht der Bau seit fast 700 Jahren unzerstörbar fest«, dann wirkt das fast kriegerisch anmutende Vokabular aus unserer heutigen Sicht befremdlich. Doch offenbart sich hier ein Kern des antiken römischen Selbstverständnisses: Natur oder natürliche Gegebenheiten waren etwas, das es zu überwinden, zu bezwingen, zu beherrschen und, wo nötig, zu korrigieren galt. Und für solche ›Korrektur‹ einer unvollkommenen Natur durch Menschenhand war Roms *cloaca maxima* in den Augen vieler römischer Schriftsteller das Beispiel schlechthin.

Die römische Architektur insgesamt war geprägt von diesem Motiv der Überwindung von Natur durch Kultur, ein Motiv, das in vielfacher Variation begegnet, wie dies zahlreiche erhaltene Schriftquellen zusammen mit den baulichen Überresten in großer Deutlichkeit belegen. Frontinus, ein für die Wasserleitungen Roms zuständiger Beamter zur Zeit des Augustus (s. S. 102f.), verglich in seiner Schrift *de aquaeductu* die in immer identischer, minimaler Neigung nach Rom führenden Wasserbauten, die Berge durchbohrten und Täler mittels hochaufragender Stütz-Konstruktionen überquerten, mit den »ewigen« ägyptische Pyramiden – nur mit dem Unterschied, daß die römischen Wasserleitungen einen praktischen Nutzen aufwiesen. Und Horaz, der Beschwörer römischer Glorie zur Zeit des Augustus, besang die kühn auf Felsvorsprüngen bis fast ins Meer vorgebauten, dem »feindlichen Element« abgerungenen Villenanlagen von Baiae am Golf von Neapel mit ähnlich kämpferischen Worten wie Plinius die Kloaken Roms.

Villen und andere repräsentative Architekturen, aber auch Infrastrukturbauten wie Straßen, Brücken oder Häfen waren seit hellenistischer Zeit nicht mehr einfach Bestandteile, sondern die Mittelpunkte der Landschaft. Auf hohen, weithin

75 Der Domitianspalast auf dem Palatin in Rom erhob sich, besonders zur Senke mit dem Circus Maximus, auf hohen Substruktionen, die den gesamten Palatin-Hügel zu einem einzigen großen Bauwerk umformten. Modell. Rom, Museo della Civiltà Romana.

sichtbaren Substruktionen stehend, dominierten die so in den Boden eingegrabenen und zugleich wie auf Podesten ›festgenagelt‹ wirkenden Villenbauten das sie umgebende Terrain. Zugleich wurde die ganze Umgebung in Prospekte, in Blick- und Bau-Achsen einbezogen und so zu einem Teil des Gebäudes selbst. Straßen durchbrachen alle natürlichen Barrieren und überquerten mittels ausgeklügelter Technologie Täler, Flüsse und Sümpfe (**76**). Ein Baukomplex wie etwa das Trajans-Forum in Rom wurde gerühmt wegen der für die Erstellung nötigen Planierungen und Geländeabtragungen; die berühmte Säule markiert mit ihrer Höhe, wieviel Gelände zur Präparierung des Bauplatzes abgetragen werden mußte.

Am sinnfälligsten macht diese Ambition der Naturbeherrschung das gegenüber dem antiken Griechenland vollkommen gewandelte Bauprinzip des Theaters: War in der griechischen Antike der Baukörper der *cavea*, der Zuschauerraum, eingefügt in einen dafür geeigneten, natürlichen Hang (wie z. B. in Epidauros noch heute gut zu sehen), so trotzte das römische Theater als freistehendes und hochstrebendes Bauwerk jeder Unförmigkeit der Natur (**92**). Nicht der Bau paßte sich der Umgebung an, sondern – umgekehrt – Gelände wurde nun universell verfügbar und damit eine Konstruktion des Bauwerks unabhängig von den natürlichen Voraussetzungen an beliebigem Ort möglich.

76 Die Straßenbrücke bei Merida in Spanien aus augusteischer Zeit überquert in einer kilometerlangen Geraden den Guadiana und seine Ufersümpfe.

Waren Kunstraub und das Kopieren originaler griechischer Plastik Optionen eines unmittelbaren, jeweils konkrete Einzeldenkmäler in Beschlag nehmenden Zugriffs auf den begehrten Gegenstand, so war das in der römischen Kunst weit verbreitete Phänomen des Klassizismus von zunächst geringerer Unmittelbarkeit, dafür aber um so gegenwärtiger. Der Klassizismus erklärte alle Medien der Kunst der griechischen Klassik, also nicht nur Plastik, sondern auch Architektur, Malerei usw., zum vorbildhaften Ideal und zugleich zur verbindlichen Richtschnur eigener künstlerischer Produktivität. Nicht Kopie, sondern umfassende Nachahmung von Formen war hier das Ziel. Klassizismus war in diesem Sinne nicht ausschließlich eine kunstgeschichtliche Stilphase des 18. und 19. Jh., sondern ein zu allen nachklassischen Zeiten mehr oder minder ausgeprägtes Phänomen der Klassik-Rezeption.

Zu Recht stellte der Archäologe Paul Zanker die Frage, wie es denn zwischen 100 v. Chr. und 200 n. Chr. zur Dominanz »einer solchen, fast ausschließlich aus Nachbildungen, Paraphrasen und Zitaten früherer Kunstepochen bestehenden Bildersprache« kommen konnte, und findet in seinem vielbeachteten Essay »Nachahmen als kulturelles Schicksal« die Antwort in dem Umstand, daß, wenn einmal die Kunst einer vergangenen Epoche als unüberbietbares, vollkommenes Ideal anerkannt war, es jedenfalls nach römischem Kulturverständnis »keine Alternative zur ständigen Weiterführung des Nachahmens gab, denn jedes Abgehen von den großen Vorbildern hätte Verfall angezeigt«.

Doch schwingt auch hier als kritischer Unterton die Idee von der Unselbständigkeit römischer Kultur mit. Zwar hat Zanker recht, wenn er von einer »Bildersprache« spricht und konstatiert, daß ihr Vokabular aus der griechischen Kunst übernommen ist, doch sagt dies noch nichts über die Eigenständigkeit des mit Hilfe dieses Vokabulars erzeugten ›Textes‹ aus. So war das römische Reich nicht nur von unmittelbar kopierter griechischer Plastik überzogen, sondern – mehr noch – von Statuen und

77 Kopie des Kopfes vom heute verschollenen Original des Doryphoros, den der berühmte griechische Bildhauer Polyklet um 430 v. Chr. fertigte. Die akkurat arrangierte Frisur und die entindividualisierte Physiognomie dienten als Vorbild für die Frisuren der Augustus-Portraits (**52–54**). Aus Pompeji. Neapel, Nationalmuseum.

Statuengruppen, die in ihrer stilistischen Machart zwar der griechischen Klassik entsprachen, nicht jedoch in ihren Motiven und gesellschaftlichen Verwendungszusammenhängen. Solche klassizistischen Statuen schmückten als Dekor Gebäudefassaden, Gärten und Parkanlagen, standen zu Hunderten in Theatern und Thermen und zeigten in ihrer Masse und Verwendung etwas Neues, eben typisch Römisches: die Umfunktionierung von griechischer Kunst zur dekorativ-repräsentativen Staffage. Und ebenso wurden griechische Architekturformen kopiert, nachgeahmt und in die römische Architektur überführt. Gerade das Prinzip der versatzstückhaften Collage aus authentischer Kopie, imitierter griechischer Form, neuen Motiven oder Arrangements und – auch das gab es natürlich – eigenständig römischen Bild- oder Baumustern ist das eigentliche Wesen der römischen Kunst: ein durchaus konstruktiver Zug der römischen Kultur also, der bisweilen an die heutige Postmoderne erinnert, dabei aber auch zeigt, daß solch moderne Visionen von Eklektizismus ihrerseits antike Wurzeln haben.

Nur uns Heutigen mag es so erscheinen, daß die Abkehr von diesem Klassizismus im 3. Jh. n. Chr. den Punkt des Verfalls der römischen Kultur markierte. Tatsächlich entstand zu Beginn der Spätantike eine gänzlich neue Bildersprache, deren Vokabular nun den ›neuen Texten‹ angepaßt war, die im Rahmen der veränderten gesellschaftlichen Situation benötigt wurden: eine Bildersprache, die in ihrer formelhaft-zeremoniellen Statik noch weit bis ins Mittelalter hinein wirksam bleiben sollte und alles andere als den Untergang Roms anzeigte (s. S. 113ff.).

78 Säule und Kapitell vom Ost-Portikus des Erechtheion auf der Athener Akropolis; ca. 410 v. Chr.

79 Bauglieder vom Rundtempel für Roma und Augustus, 27 v. Chr. auf der Athener Akropolis vor dem Parthenon errichtet. Kapitelle und Säulenhälse imitierten das Erechtheion.

48/47 v. Chr. Ein Gesetz beschränkt die Wohnungsmieten auf 2000 Sesterzen pro Jahr in Rom und auf 500 Sesterzen pro Jahr in Italien bei einem Durchschnittseinkommen von 3 Sesterzen pro Tag.

46 Kalender-Reform (julischer Kalender): Das ›astronomische‹ Jahr von 365 ¼ Tagen pro Jahr wird eingeführt.

45 Das Stadtzentrum von Rom wird zur ›Fußgängerzone‹; Wagenverkehr ist nur noch nachts erlaubt.

15 Augustus beansprucht die Kontrolle der Münzprägung aus Gold und Silber; die Kupferprägung bleibt dem Senat unterstellt.

6 Nach einem verheerenden Brand der Stadt Rom wird die Feuerwehr auf 7000 Personen aufgestockt.

50 n. Chr. Paulus predigt in Korinth.

64 Brand Roms; Baugesetze in Rom gegen zu hohe Häuser und zu enge Straßen; Nero erbaut seinen Palast (*domus aurea*) mitten in der Stadt.

69 Bürgerkrieg in Rom nach Thronwirren; das Kapitol brennt nieder.

80 Das Kolosseum, das auf dem Terrain des nach 68 abgerissenen Stadtpalastes Neros erbaut wurde, wird eingeweiht.

80 Vierstöckige Wohnhäuser in der Hafenstadt Ostia bei Rom, 2. Jh. n. Chr. Modell.

Die Großstädte und ihre Slums: Im Schatten antiker Baukunst

Wer in Pompeji und Herculaneum die vielen Stadthäuser mit ihren großzügigen Grundrissen, bequemen Ausstattungen und luxuriösen Dekorationen bewundert hat, wird schwer glauben, daß Wohnen in der Großstadt eine Schattenseite hatte, die die beschaulichen kampanischen Landstädtchen allenfalls in Ansätzen aufwiesen. Die *suburbs* in Rom südlich von Quirinal und Viminal war so dicht mit mehrstöckigen Mietshäusern bebaut, daß auf die schmalen Verbindungswege kaum Sonnenlicht fiel. In der Hafenstadt Ostia sind einige solcher Hochhäuser gut erhalten und können dem heutigen Besucher einen Eindruck dieser Architekturen vermitteln.

Rom war laut bei Tag und Nacht. Die unzählig überlieferten Eindrücke des Stadtlebens in der *suburbs* hat Ludwig Friedländer 1861 im ersten Band seiner berühmten, vielfach aufgelegten »Sittengeschichte Roms« trefflich zusammengefaßt: »Schon vor Tage riefen die Bäcker ihre Waren aus, auch die Hirten ihre Milch. Dann begannen die Kinder im Chor zu buchstabieren, und Hämmer und Sägen setzten sich in Bewegung. Knarrende Wagen schleppten Steinblöcke und Baumstämme herbei, daß der Boden erzitterte.

Lasttiere und Träger rempelten die Fußgänger an. Ohne Unterlaß ertönte das Geschrei einer Prozession rasender Bellona-Priester, das Geschwätz des almosenheischenden Schiffbrüchigen, das Greinen des Krüppels, die Rufe der Händler, das Toben der Gaukler. Auch bei Nacht hörte der Lärm nicht auf. Das Gerassel der Reisewagen, die tagsüber in der Stadt nicht fahren durften, störte den Schlaf. Dazu kam das Grölen scharenweise umherziehender Rauf- und Trunkenbolde. Waren tiefnachts dann alle Häuser verriegelt und alle Lichter erloschen, wurde Rom unheimlich und gefährlich. Nicht nur die zahlreichen Räuber waren eine Gefahr. Von den Dächern stürzten Ziegel, aus den Fenstern der oberen Stockwerke wurden Becken ausgegossen oder Müll herabgeworfen, der krachend auf das Pflaster fiel.«

Auch in der Antike waren Mietshäuser Spekulationsobjekte, die günstigenfalls hohe Renditen abwarfen, bei einem der zahlreichen Brände aber auch zum Totalverlust des eingesetzten Kapitals führen konnten. Dementsprechend billig waren die Häuser aus Ziegeln, Holz und Gußzement gebaut, ohne Heizungen und Sanitäreinrichtungen,

um 100 Das römische Postwesen auf dem Höhepunkt: Überland-Briefe erreichen eine durchschnittliche Geschwindigkeit von 45 km pro Tag.

121 – 125 Hadrian bereist die Provinzen.

147 900-Jahr-Feier der Stadt Rom mit mehrwöchigen Spielen.

um 160 Ein einfacher Legionär erhält 3 Sesterzen Tages-Sold; ein Spitzenjockey verdient in Rom bis zu 50 000 Sesterzen pro Rennsieg im Circus.

um 200 Eine Zählung ergibt 28 öffentliche Bibliotheken in Rom.

Der Dichter Juvenal beschrieb gegen Ende des 1. Jh. n. Chr. das Leben in der *suburbs* Roms: »Fürchtet sich je einer im kühlen Präneste oder im einfachen Gabii vor Einsturz? Unsere Stadt (Rom) ist meist nur auf dünne Pfeiler gestützt. Die einzige Maßnahme, die der Verwalter traf, war, den Riß im Haus mit Lehm zu verschmieren, dann hieß er uns sorglos schlafen, auch wenn uns stets ein Einsturz bedroht. Leben müßte man dort, wo es auch keine Brände gibt. ›Wasser!‹, schreit ein Nachbar, und schleppt seinen dürftigen Hausrat davon. Schon qualmt es im oberen Stockwerk. Nichtsahnend bist du, wenn die Leute in den unteren Geschossen fliehen, denn zuletzt erst brennst du ab, der ganz unter dem Dach wohnt ... Meist bringt jedoch der Mangel an Schlaf den Tod hier – gewährt denn je eine Stadtwohnung Schlummer? Nur der Reiche vermag sich Ruhe zu erkaufen, selbst in Rom ... Und erkenne die Gefahren der Nacht: Du bist leichtsinnig, wenn du speisen gehst, ohne dein Testament gemacht zu haben, denn es drohen dir viele Arten des Todes. Hoffe daher, daß man dich gnädig bedenkt allein mit des Nachttopfes Entleerung ...«

Juvenal, *Dritte Satire*, Zeilen 188 – 310

81 Mietshäuser aus dem 2. Jh. n. Chr. in Ostia an der Via di Diana. Rekonstruktion.

und oft befanden sie sich bereits nach kurzer Zeit in ruinösem Zustand. So teuer wie möglich wurde vermietet: das Erdgeschoß mit meist zur Straße hingewandten Läden, darüber die ein oder zwei Zimmer umfassenden Wohnungen, die teils zur Straße, teils nur zum Lichthof hin lagen und deren Miete, anders als heute, mit zunehmender Höhe sank.

Neben den vielen Bränden waren vor allem die Hauseinstürze eine permanente Gefahr für die Bewohner. Dünne Mauern und Zwischendecken, der durch hohe Bodenpreise verursachte geringe Abstand der Häuser voneinander und die immer weiter in die Höhe strebende Bauweise führten nach dem Großbrand zur Zeit des Nero zu einer Reihe von Baugesetzen, die unter anderem die maximale Bauhöhe der Häuser (zunächst ca. 21 m, also sechs bis sieben Geschosse, später ca. 17,50 m oder fünf bis sechs Geschosse) und eine Mindestbreite der Straßen festlegten (ca. 6 m) – soziale Errungenschaften, die typisch für die volksnahe Regentschaft Neros waren, die aber dennoch nicht verhindern konnten, daß durch die ungebrochen hohe Besiedlungsdichte Berge von Unrat, Heerscharen von Ratten sowie Pest- und Choleraepidemien das Leben der Bewohner beeinträchtigten.

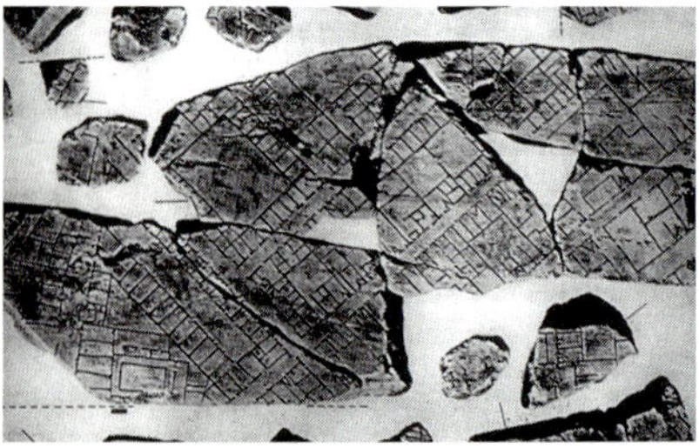

82 Grundrisse von Wohnblocks in der *suburbs* von Rom auf Fragmenten des antiken Marmor-Stadtplans, der auf dem Nerva-Forum in Rom angebracht war und das Stadtbild zur Zeit des Kaisers Septimius Severus (Anfang 3. Jh. n. Chr.) dokumentierte.

Die römische Freizeitkultur

Kaum ein Aspekt der römischen Antike ist noch heute in breitesten Kreisen so gegenwärtig wie die Auswüchse der antik-römischen Freizeitkultur; kaum ein Aspekt ist dabei aber auch so mißverstanden wie die Spiele in Circus und Arena, die Theateraufführungen und das freizügige Treiben in den Thermen. Mit wohligem Schaudern erinnert man sich an dahingemetzelte Gladiatoren und an die spektakulär-tödlichen Unfälle bei Wagenrennen: Metaphern für das blutige Gesicht des antiken Rom, wie sie durch Historiengemälde des 17. und 18. Jh., durch Theateraufführungen des 19. Jh. und schließlich durch Filme wie »Spartacus« oder »Ben Hur« bis in unsere Gegenwart transportiert wurden. Kritik an den blutigen Spielen in Arena und Circus hat es schon in der Antike vielfach gegeben, doch es war erst die christlich-moralisierende Sicht, die unter Hinweis auf diese Exzesse eine ganze Kultur verdammte.

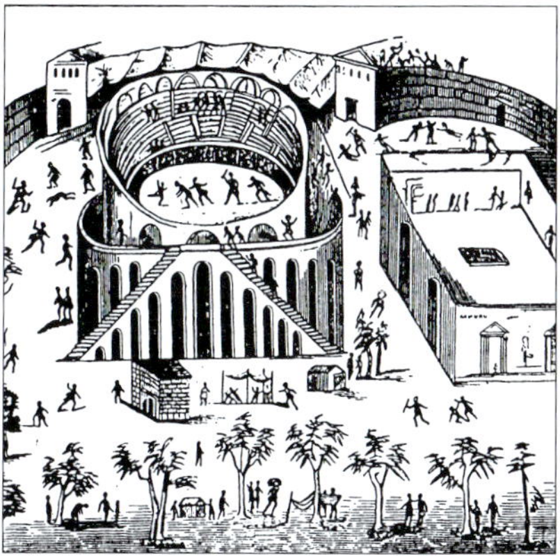

83 Der Tumult im Amphitheater von Pompeji 59 v. Chr. Umzeichnung eines pompejanischen Wandgemäldes. Neapel, Nationalmuseum.

Tatsächlich ist das Bild differenzierter. Das römische Theater entstand aus volkstümlich-bäuerlichen Ritualen und Festen. Wegen des aufmüpfigen Inhalts und den sich dabei versammelnden Menschenmassen war dies den Regierenden lange Zeit suspekt. Zahlreiche Reglementierungen entstanden: So waren z. B. Bühne und Zuschauerränge bis in die späte Republik hinein Holzbauten, deren Errichtung einer besonderen Genehmigung bedurfte und die nach den Aufführungen sofort wieder abgebaut werden mußten. Erst nach langen Debatten wurde um 50 v. Chr. auf Initiative des Pompejus ein erstes steinernes, also dauerhaftes Theatergebäude in Rom errichtet. Das römische Theater verlor in der Kaiserzeit seine Brisanz und wurde zum Ort gehobener Unterhaltung für Aufführungen zeitgenössischer Dichtergrößen, aber auch der griechischen Klassiker.

Von Beginn an Bestandteil staatlicher Repräsentation waren die Spiele im Circus. Der langgestreckte Bautyp ist dem griechischen Hippodrom ähnlich, allerdings trennte ein Podest mit Obelisken darauf (*spina*) die Rennbahn in zwei Fahrspuren. Der größte und älteste römische Circus war

84 Paradehelm eines Gladiators aus Pompeji, mit mythologischen Szenen dekoriert. Neapel, Nationalmuseum.

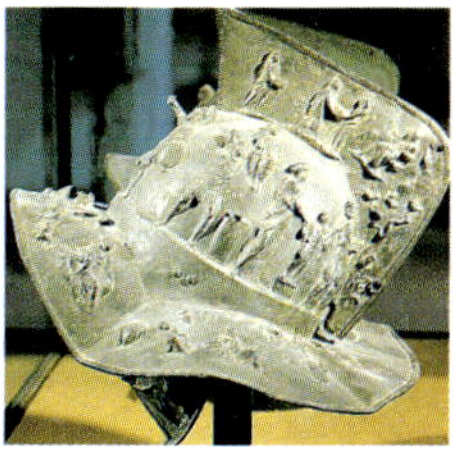

85 Kleinbürgerliche Wohnhäuser in Herculaneum, wie sie 79 n. Chr. vom Vesuv verschüttet wurden.

Hochhausarchitekturen wie in den übervölkerten Ballungsräumen Rom und Ostia blieben in der römischen Antike Ausnahmen. In den meisten kleineren Landstädten war das Siedlungsareal durch sich kreuzende Straßenzüge in große, rechteckige Flächen unterteilt (*insulae*), die wiederum aus ursprünglich gleich großen Parzellen bestanden. Diese Grundstücke waren mit Häusern bebaut, die jeweils die gesamte verfügbare Grundfläche einnahmen und wie heutige Reihenhäuser aneinanderstanden.

In Italien entstand im 4. Jh. v. Chr. der Typus des Atriumhauses: eine nach außen abgeschlossene, im allgemeinen einstöckige Architektur mit einem Hof im Zentrum, der – bis auf einen kleinen Lichtschacht – von einem Satteldach überdeckt war. Um dieses Atrium gruppierten sich die Wohnräume: Schlaf- und Repräsentationszimmer, Speiseraum, Küche und, als Seitenkammern des Atriums, die *alae*, zwei offene Nischen für Larenkult oder Ahnenbildnisse. Der rückwärtige Teil des Hauses bestand aus einem hofartig ummauerten kleinen Garten. Den Eindruck der nach innen gekehrten Abgeschlossenheit dieses Haustyps (**55**) komplettierte die Straßenfront: Links und rechts des meist sehr schmalen Eingangs lagen Läden, die nur zur Straße hin offen und ohne Verbindung zum Haus waren. Nur wenn, wie etwa in Herculaneum, innerorts Platzmangel herrschte, wurden solche Häuser als zweigeschossige Bauten errichtet.

Je nach den finanziellen Möglichkeiten des Besitzers war dieses Architekturkonzept bis hin zu regelrechten Stadtpalästen erweiterbar, wie es sich etwa an den Häusern von Pompeji gut nachvollziehen läßt. Voraussetzung war der Zuerwerb von Terrain innerhalb der

86 Die »Casa del Fauno« in Pompeji war ein luxuriöses Stadthaus. Blick in das Gartenperistyl, wo 1832 das Alexander-Mosaik gefunden wurde.

87 Das Alexander-Mosaik aus der »Casa del Fauno« in Pompeji. Zeichnung des Befundes aus dem 19. Jh. mit Fehlstellen und antiken Restaurierungsspuren. Neapel, Nationalmuseum.

insula. Der kleine Garten konnte dann nach der Art der reichen hellenistisch-griechischen Häuser zu einem prunkvollen Peristylhof ausgebaut werden. Die »Casa del Fauno« in Pompeji verband auf einer Grundfläche von über 2000 m^2 zwei Atrien und sogar zwei große Peristyle, eines überdacht und in den Wohntrakt integriert, das zweite als Gartenanlage konzipiert.

Meist waren diese Häuser nach Süden hin ausgerichtet und in Raumfolge und Bauweise so angelegt, daß im Sommer eine Überhitzung vermieden wurde und im Winter Sonnenenergie gespeichert werden konnte, denn aufwendige Heizungen waren nur in Regionen mit nichtmediterranem Klima üblich. Abhängig von der finanziellen Potenz des Hausherrn war auch die Ausstattung. Schlichte Holzmöbel und einfachste ornamentale Wandmalereien, aber auch Reste von aufwendigem Interieur fanden sich in Pompeji: Möbel aus Holz, Kandelaber und Klinen aus verschiedenen Metallen, filigrane, komplizierte Wandmalereien und Mosaike als Fußbodenschmuck, Statuen als Schmuck der Peristyle. Nur aus literarischen Berichten sind kostbare Kissen, Stoffe, Elfenbeingegenstände etc. bekannt, die nicht erhalten blieben. Man darf sich die Zimmer aber nicht überfüllt mit Mobiliar und Einrichtungsgegenständen vorstellen, denn es gab nur wenige Möbeltypen, was den Räumen insgesamt ein eher spartanisches Aussehen verlieh: Bett oder Kline zum Schlafen oder Ruhen, Truhe und Schrank zum Verwahren von Gegenständen, schließlich kleine Tische und niedrige Schemel.

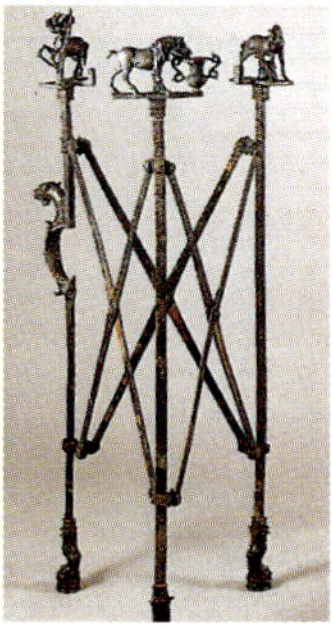

88 Verzierter Klapp-Dreifuß aus Bronze als Beispiel für einen luxuriösen römischen Einrichtungsgegenstand; 250–300 n. Chr. Malibu, J. P. Getty Museum.

89 Die 212–217 n. Chr. in Rom errichteten Thermen des Caracalla bedeckten ein Areal von 340 x 330 m und bestanden nicht nur aus dem eigentlichen Thermenbau, sondern auch aus großzügig angelegten Parks. Modell.

der Circus Maximus in Rom (**75**), der seit dem 4. Jh. v. Chr. in immer neuen Erweiterungen zu einem gigantischen Bauwerk mit Platz für über 250 000 Menschen anwuchs. Hier wurden die öffentlichen Festspiele begangen: 109 Feiertage gab es um 50 v. Chr. in Rom, die meist mit opulenten Darbietungen im Circus einhergingen. Kultprozessionen und Triumphzüge stellten hier ihre Pracht am wirkungsvollsten zur Schau, und auch große Tierhetzen fanden hier statt. Am attraktivsten aber waren die Wagenrennen. Die Vier- oder Zweispänner gehörten begüterten Römern; erfolgreiche Wagenlenker wurden schnell zu Stars der Rennbahn, auf die man viel Geld wetten konnte.

Im Gegensatz zu den Veranstaltungen im Circus wurden die Spiele im Amphitheater überwiegend von begüterten Honoratioren oder den Kaisern auf eigene Rechnung initiiert. Freigiebigkeit in diesem Bereich war ein Garant für dauerhafte Popularität.

Die Gladiatorenspiele entstammen wahrscheinlich etruskischen Bestattungsfeierlichkeiten. Nicht immer, vielleicht nur zum geringeren Teil, waren dies Kämpfe auf Leben und Tod. Gladiatoren wurden in speziellen Schulen gründlich und teuer ausgebildet. Caesar betrieb als Kapitalanlage

90 Rechte Seite: Die Naumachie (inszenierte Seeschlacht), die Kaiser Claudius 52 n. Chr. auf dem Fucciner See bei Rom veranstaltete. Rekonstruktion aus »Was ist Was, Bd. 82, Gladiatoren« (Tessloff-Verlag, Nürnberg 1987).

ein Camp mit 1000 Gladiatoren. Nicht alle waren Sklaven, und die überwiegende Mehrzahl betätigte sich freiwillig. Wie die Wagenlenker konnten auch erfolgreiche Gladiatoren zu Prominenz und Vermögen gelangen, wenn sie mit ihrem ›Besitzer‹ eine vorteilhafte Teilung der Siegespreise ausgehandelt hatten.

Das Amphitheater ist als Bautyp eine römische Erfindung und war zunächst, wie die Theater, ein temporärer Holzbau. Die frühesten Steinbauten entstanden im späten 1. Jh. n. Chr. Im 2. Jh. n. Chr. besaß dann fast jede größere Stadt ein Amphitheater. In Rom war das Kolosseum als die einzige steinerne Arena erst um 80 v. Chr. fertiggestellt. Wie heutige Stadien auch, lagen die Bauten oft am Stadtrand, damit die zahlreichen Ausschreitungen und Tumulte nicht auf die Stadt übergreifen konnten. Die kleinteilige Baustruktur mit ihren vielen voneinander durch Mauern abgegrenzten Zuschauerzellen ermöglichte im Ernstfall eine einfache Zwangsräumung. Amphitheater waren technische Wunderwerke. Aufwendig konstruierte Tuchdächer schützten die Zuschauer vor der Sonne, weitläufige Keller bargen Käfige für die Tierhetzen und Vorrichtungen zum Bewegen von Kulissen, und einige Amphitheater ließen sich sogar fluten, um Seeschlachten nachzustellen.

Ein besonderer Ort volkstümlicher Vergnügens waren die Thermenanlagen, deren Nutzung ein

Der römische Philosoph Seneca schrieb in einem Brief über den ihn belästigenden Thermenbetrieb: »Von allen Seiten ist wirrer Lärm. Wenn die Kräftigeren ihre Leibesübungen treiben und dabei die Hanteln schwingen, hört man ihr Stöhnen, Zischen und Keuchen. Stößt du auf einen Müßiggänger, der sich salben läßt, hörst du das Klatschen des Masseurs. Kommt noch ein Ballspieler hinzu, der nicht spielen kann, ohne zu schreien, dann ist's geschehen. Nimm noch einen Zankteufel, einen ertappten Dieb und einen Sänger, nimm ferner noch die hinzu, die unter lautem Platschen ins Wasser springen! Denk dir noch einen Haarausrupfer, der sich solange mit schriller Stimme anbietet, bis er jemandem die Haare unter den Achseln ausreißt und also einen anderen schreien läßt. Endlich die Kuchenhändler, Wurstverkäufer, die Kellner der Kneipen ...«

91 Unfall im Circus: Ben Hur (im Bild Charlton Hestons Double) überrennt einen gestürzten Konkurrenten. Szenenfoto aus dem MGM-Film »Ben Hur« von 1959.

92 Das Theater von Aspendos in der Türkei wurde im 2. Jh. n. Chr. errichtet und ist eines der besterhaltenen Beispiele des römischen als freistehende Architektur gebauten Typus.

nur sehr geringes Entgelt kostete. Bisweilen waren sie – wie in der Metropole Rom – kaiserliche Geschenke an die Bevölkerung. Diese von Trajan, Caracalla oder Diokletian gestifteten Baukomplexe bedeckten bis zu 15 ha Grundfläche. Im Kern waren dies Badeanstalten mit einer reglementierten Abfolge von Kalt-, Warm- und Schwitzbad und einem großen Becken als Zentrum. Mit aufwendigen Fußboden- und Wandheizungen wurden in den Schwitzräumen Wasser und Luft fast sauna-ähnlich erhitzt. Bibliotheken, Parks und Gärten luden zum Verweilen ein, Ärzte praktizierten hier, und Spiel und Sport konnte in fast grenzenloser Vielfalt betrieben werden. Überall lauerten aber auch Verlockungen aus der Halb- und Unterwelt: Prostitution war allgegenwärtig, ebenso Glücksspiel und Hehlerei.

Die römische Freizeitkultur bot Kaisern, Senatoren und betuchten Bürgern ideale Gelegenheit, durch Mäzenatentum und spektakulären Aufwand den eigenen Namen ins Gespräch zu bringen. Exotische Tiere wurden ohne Rücksicht auf die Kosten herbeigeschafft, Amphitheater mit immer raffinierterer Technik errichtet, und Thermenbauten mit Innenausstattungen versehen, die mit farbigen Marmorverkleidungen, kostbaren Statuen und illusionistischen Wandmalereien fast dem luxuriösen Interieur von Villen und Palästen glichen. Zugleich verweist dieser Aufwand aber auch auf ein gesellschaftliches Problem: Unterhaltung als Droge, als Ablenkung von fehlenden Lebensinhalten und von Arbeitslosigkeit hat im antiken Rom ihren Anfang.

93 Das Forum Romanum war nicht nur der politische und repräsentative, sondern mit den angrenzenden Basiliken auch der wirtschaftliche Mittelpunkt der Stadt. Rekonstruktion von 1901.

Die städtische Gesellschaft und ihre Organisation

Kennzeichen einer römischen Stadt war die Rechtsstellung als *municipium*; erst dieser Status machte eine Siedlung zur Stadt. Ein wichtiger Teil dieses Stadtrechts war die Selbstverwaltung, und kommunalpolitisches Engagement bildete einen zentralen Bestandteil der Lebenswelt wohlhabender Schichten. Städtische Ämter wurden jährlich per Wahl besetzt, konnten aber mehrfach eingenommen werden. Der Wahlkampf war bisweilen heftig: Aus Pompeji sind Parolen erhalten, die nicht nur für einzelne Kandidaten warben, sondern auch den Gegner schmähten.

Gewählt wurden die Duumvirn und die Aedilen meist in Form von Einzelpersonen, seltener als komplette Teams. Die Duumvirn sind ein Kollektiv aus zwei Personen, das die Regierung der Stadt im Sinne eines

94 Das Forum in Pompeji mit seinem langgestreckten Platz, dem Podiumstempel an der einen und den Magistratsbauten an der anderen Schmalseite und den längsseitig angrenzenden Heiligtümern und Marktbauten ist typisch für Fora kleinerer Landstädte mit ihrer doppelten Funktion als Verwaltungs- und als Marktplatz.

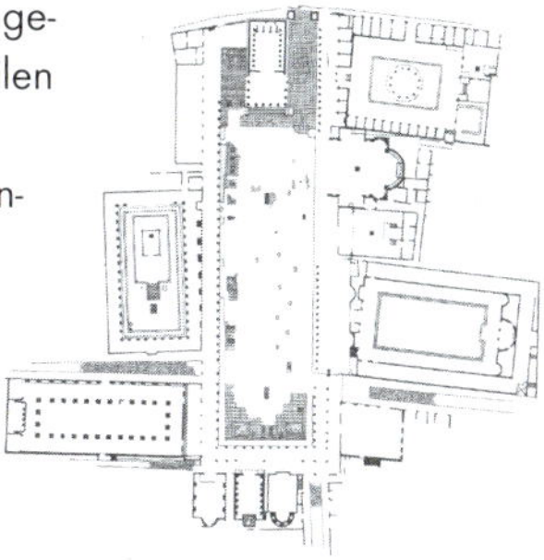

95 Mumienportrait eines wohlhabenden Römers aus Ägypten, um 150 n. Chr. Providence, Rhode Island, Museum of Art.

Der römische Familienverband repräsentierte als Keimzelle des Staates die kleinste Einheit der republikanischen Verfassung. Das Zwölftafel-Gesetz (s. S. 31) garantierte dem *pater familias* eine besondere Rechtsstellung: Er konnte über Leben und Tod seiner Kinder und Sklaven entscheiden, die Ehefrau war ihm durch einen Heiratsvorgang, der eher einem Kauf glich, mit Leib und Seele ausgeliefert, und aller materieller Besitz lag allein in seiner Verfügungsgewalt. Zur Familie im weiteren Sinne zählten auch die *clientes*, freie Bürger, die sich einem einflußreichen Herrn als Gefolgsleute anschlossen, ihn politisch und gesellschaftlich unterstützten und dafür wirtschaftlichen und juristischen Schutz erhielten. Anders als im antiken Griechenland gab es aber trotz dieser rigorosen Hierarchien keine strikte Trennung in eine häusliche Frauenwelt und eine öffentliche Männerwelt. Die römische Frau war auch außerhalb des Hauses präsent und in der Öffentlichkeit gern gesehen.

Im 1. Jh. v. Chr. häuften sich Forderungen nach einer Rückkehr zur strengen Sitte der ›guten alten Zeit‹. Solche Klagen sind immer Indizien dafür, daß sich gesellschaftliche Realitäten nicht mehr in Einklang mit konservativen Wertvorstellungen befanden. Und in der Tat hatten die Veränderungen im Gefüge der Republik auch die *patria potestas*, die väterliche Gewalt, zu untergraben begonnen, denn der Widerspruch zwischen Sippenstrukturen und neuer ökonomischer Potenz zeigte auch Auswirkungen auf das Familiengefüge. So begann sich im 1. Jh. v. Chr. die Stellung der Kinder, vor allem aber der Ehefrau erheblich zu verbessern: Sie erhielt schon bei der Auswahl des Ehemannes ein Mitspracherecht, besonders aber mehr

96 Die römische Familie als Vertrags- und Prestigegemeinschaft: Der *pater familias*, mit seiner Frau durch Handschlag verbunden, hält in der Linken den Ehevertrag. Die Toga des Jungen signalisiert seinen zukünftigen Status als Erbe und Bürger. Grabrelief aus Neumagen, ca. 250 n. Chr. Trier, Landesmuseum.

und mehr die Verfügungsgewalt über die in die Ehe eingebrachte Mitgift, was einer nur noch geringfügig eingeschränkten Geschäftsfähigkeit gleichkam und gravierende Auswirkungen auf Erbfolge und Testamentskonstruktionen hatte.

Auch wenn viele moderne Autoren dies behaupten, so besteht dennoch kein Anlaß, der römischen Ehefrau der ersten nachchristlichen Jahrhunderte einen für die heutige Zeit vorbildlichen Grad an Emanzipation zu unterstellen. Zwar waren Scheidung und Wiederverheiratung an der Tagesordnung, ebenso Zivilprozesse zwischen Mann und Frau, doch schildern die zahlreichen überlieferten Anekdoten von der Macht der Frauen über ihre Männer lediglich Ausnahmen innerhalb des Kaiserhauses und einiger Senatorenfamilien. Daß es auf breiter Ebene tatsächlich keine Gleichheit von Mann und Frau gab, belegen etwa die immer wieder vorgebrachten Forderungen nach juristischer und faktischer Gleichstellung, die in der kaiserzeitlichen Literatur zu finden sind.

Mit den veränderten Beziehungen zwischen Mann und Frau, die von konservativen antiken Schriftstellern immer wieder als ein Verfall, als eine Abkehr von den ›guten alten Sitten‹ dargestellt wurden, änderte sich auch das häusliche Leben. Das Aktionsfeld der Frau wurde größer, und bisweilen war eine römische Ehe nicht nur eine

97 Mann und Frau als Geschäftspartner: der Bäcker Terentius Neo aus Pompeji mit seiner Frau, die das Wirtschaftsbuch führt. Wandgemälde aus Pompeji. Neapel, Nationalmuseum.

Lebens-, sondern auch eine Geschäftsgemeinschaft, in der Mann und Frau gleichermaßen verantwortlich wirtschafteten. Und es war nicht mehr nur der Mann, der sich eine Sklavin oder eine andere (verheiratete) Frau zur Geliebten machte. Auch für Frauen wurde mit der Zeit ein solches Verhalten zwar nicht gängige Praxis, aber doch immerhin eine echte Lebensoption.

Sklaven waren, anders als in den vorchristlichen Jahrhunderten, als ihr Angebot fast die Nachfrage überstieg, nicht mehr nur jederzeit ersetzbare ›Sachgüter‹; sie wurden zum integralen Bestandteil der Hausgemeinschaft. Auch die Söhne und Töchter waren nicht mehr Eigentum des Hausherrn und auf Gedeih und Verderb dessen Launen ausgeliefert, sondern konnten eigenes Profil entwickeln.

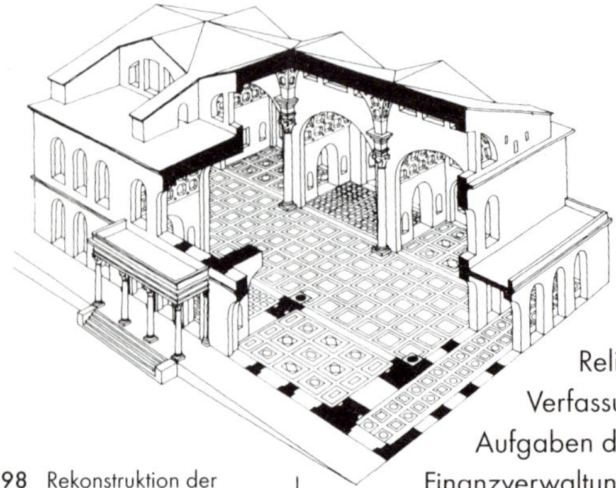

98 Rekonstruktion der »Basilika Nova« am Forum Romanum: Der 306 von Kaiser Maxentius begonnene und 330 von Constantin vollendete Riesenbau diente, wie die anderen Basiliken am Rande des Forums auch, für Handel, öffentliche Reden und Gerichtsverhandlungen. Rekonstruktion.

heutigen Bürgermeisters bildete. Kollegiale Zweizahl wie auch jährlicher Ämterwechsel waren Prinzipien, die Tyrannei und Monarchie vorbeugen sollten; sie bildeten noch in der Kaiserzeit ein Relikt der republikanischen Verfassung. Die wichtigsten Aufgaben der Duumvirn waren die Finanzverwaltung und die Rechtsprechung. Die zwei Aedilen kümmerten sich um das ›Tagesgeschäft‹: Straßenreparaturen, Marktaufsicht, Instandhaltung von Tempeln, Brunnen und Wasserleitungen, Inkasso von Steuern, Organisation von Polizei und Feuerwehr waren ihr Metier, wobei sie durch verschiedene städtische Beamte unterstützt wurden.

Neben diesen Wahlämtern gab es weitere Organisationen, die für das Funktionieren einer Stadt von Bedeutung waren. Im Dekurionen-Orden waren die 100 wohlhabendsten Familien einer Stadt organisiert – eine später durchaus als zweifelhaft empfundene Ehre, denn diese Mitgliedschaft war mit erheblichen kommunalen Sondersteuern verbunden (s. S. 113f.). Alle fünf Jahre fand ein *census*, eine Vermögensüberprüfung, statt, und der Orden wurde auf der Grundlage dieser Daten neu zusammengesetzt. Als Gremium hatten diese Dekurionen erheblichen Einfluß auf das ›Management‹ einer Stadt.

Gewissen Einfluß hatten dann auch religiöse Kollegien und Berufsorganisationen. Einzelne Stadtviertel waren in Nachbarschaftsverbänden organisiert, die die jeweiligen Schutzgottheiten eines Viertels pflegten und zu diesem Zweck von fremden Passanten bisweilen Zwangsabgaben einforderten – eine erpresserische Wegelagerei,

99 Wahlpropaganda von einer Hauswand in Pompeji, 78/79 n. Chr.

deren ›Beute‹ unter den Bedürftigen des Viertels verteilt wurde.

Eine Stimme von Gewicht hatten schließlich die verschiedenen Priesterschaften einer Stadt sowie die zahlreichen Vereine und Zusammenschlüsse. Die römische Gesellschaft war in dieser Hinsicht hochorganisiert, und auf alle diese Organisationen galt es Rücksicht zu nehmen, da sie häufig das Wahlverhalten der Mitglieder entscheidend beeinflußten. Daß Holconius Priscus und Ceius Secundus 79 n. Chr. in Pompeji zu Duumvirn gewählt wurden, verdankten sie dem geschlossenen Wahlverhalten solcher Organisationen, denen sie als Gegenleistung verschiedene Vergünstigungen versprochen hatten.

100 Öffentliche Latrinen mit Wasserspülung wie diejenige mit 20 Marmorsitzen in Ostia gehörten zur Grundausstattung römischer Städte und boten besondere Kommunikationserlebnisse.

Handwerk, Handel und Rohstoffverarbeitung: Die Geschäfts- und Arbeitswelt zwischen Standesorganisationen und Sklaverei

Die Geschäfts- und Arbeitswelt der römischen Antike war zwar insgesamt vielfältig, dabei aber von vergleichsweise einfacher Struktur. Nur bis zu einem recht geringen Grade herrschte innerhalb einzelner Branchen Arbeitsteilung, und die meisten Gewerbebetriebe und Handelshäuser waren Kleinunternehmen in Familienbesitz, die nur selten außenstehenden Personen Beschäftigung boten. Dennoch konnten an einem Ort durch die pure Anzahl branchengleicher und miteinander verflochtener Betriebe industrieartige Monokulturen entstehen, wie dies die zahlreichen Textilbetriebe in Pompeji zeigen. Solche Zusammenballungen konnten zu erheblichen Umweltbelastungen führen, die man zwar beklagte, aber dennoch nicht änderte: Färbereien, Walkereien, Gerbereien und Fischsaucenhersteller z. B. müssen in Pompeji pestilenzartigen Gestank und immense Wasserverschmutzung erzeugt haben. Kalkbrennereien und Großtöpfereien hinterließen auf der Suche nach Brennstoff weithin abgeholzte und

101 Brotgeschäft mit Kunden und Verkäufer auf einem pompejanischen Fresko. Neapel, Nationalmuseum.

102 Antikes Ladenschild einer Schlachterei. Dresden, Antikensammlung.

erodierte Areale; sie waren wesentlich dafür verantwortlich, daß weite Teile der einstmals dicht bewaldeten Mittelmeerküsten heute verkarstet sind.

Der geringe Grad an Arbeitsteilung wird auch durch die Vertriebsstrukturen deutlich: Eine Trennung zwischen Produktion und Handel existierte kaum. Nahrungsmittel wie etwa Brot, Obst und Gemüse wurden von Erzeugern oder Herstellern wie den Bäckern direkt verkauft und verließen die Erzeugerregion nur ausnahmsweise. Selbst bei Monokulturen mit überregionalem Absatz gab es selten Groß- und Zwischenhandel: Einzelne lokale Branchen waren häufig genossenschaftlich organisiert und besorgten den Vertrieb ihrer Produkte in eigener Regie. In den in Südgallien um den heutigen Ort La Graufesenque ansässigen Terra-Sigillata-Töpfereien wurden die großen Töpferöfen gemeinsam betrieben, und Reste ganzer genossenschaftlich organisierter Warenlager und ihrer Buchführung haben sich bei Ausgrabungen gefunden. Ein hochspezialisierter Handel entwickelte sich bevorzugt mit raren Luxuswaren. Zur oft risikoreichen Vorfinanzierung einzelner Lieferungen stand den Händlern, die bei geringem Aufwand mit Glück schwerreich oder aber mit Pech auch bettelarm werden konnten, ein regelrechtes Bankwesen mit z. T. sehr modern anmutenden Kredit- und Darlehensformen zur Verfügung.

103 Bäckerei in Pompeji mit Rotationsmühlen und Großbackofen.

Handel und Gewerbe in den römischen Städten war in Kollegien und Vereinen organisiert, die nicht nur ein gemeinsames profitables Wirtschaften, sondern auch Geselligkeit, Religionsausübung, politische Interessensvertretung und soziale Absicherung zum Ziel hatten; nach unserem

104 Garküche (*thermopolium*) in Pompeji. Diese z. T. mit Marmorverkleidungen, Wandmalereien, Tischen und Bänken reich ausgestatteten Vorläufer der Imbißstuben gab es in den Vesuv-Städten an fast jeder Straßenecke.

heutigen Verständnis waren solche Zusammenschlüsse eine Mischung aus mittelalterlicher Zunft, modernem Branchenverband, Privatverein, religiöser Sekte und Gewerkschaft. Kollegien und Vereine besaßen z. T. erhebliches Vermögen und eigene Versammlungshäuser. In der Wirtschaftskrise des 3. Jh. n. Chr. (s. S. 113ff.) wandte sich ihr hoher Organisationsgrad jedoch in einen Nachteil: Zur Aufrechterhaltung der Wirtschaft und zur Sicherung der Steuereinkünfte wurden sie zu staatlich kontrollierten Zwangs-Korporationen umgewandelt, die den Mitgliedern erhebliche Abgaben auferlegten und ihnen zugleich einen Austritt und damit einen Umzug oder Berufswechsel verboten.

105 Tuchfärberei des Primus in Pompeji mit den charakteristischen großen Becken.

Freie Lohnarbeit in Landwirtschaft, Gewerbe oder Handel konkurrierte über Jahrhunderte mit Sklavenarbeit; ein Tagelöhner mußte sich immer aufs Neue kurzfristig verdingen und bewegte sich stets am Rande des sozialen Abgrunds. Erst mit dem Ende der Reichsexpansion im 2. Jh. n. Chr. schlug der Überschuß an Arbeitskraft in einen Mangel um, der ebenfalls durch staatliche Zwangsmaßnahmen reguliert wurde und besonders für kleine landwirtschaftliche Pächter in eine neue Art von Knechtschaft führte: Nicht mehr die ständige Bedrohung durch unentgeltliche Sklavenarbeit und die damit verbundenen Druckmöglichkeiten der Großgrundbesitzer waren nun das Problem, sondern die gesetzlich vorgeschriebene ›Bindung an die Scholle‹ und die damit einhergehende radikale Besteuerung der ohnehin geringen Überschüsse, die jenseits der zu erbringenden Pacht zum Lebensunterhalt blieben.

106 Weinkellerei in Pompeji mit in die Erde eingelassenen großen Vorratsgefäßen.

Ein wichtiger ökonomischer Faktor war die Armee (s. S. 108f.). Solange die Truppenteile in Grenznähe in den Kastellen stationiert waren, bildete das Militär eine eigene Ökonomie aus: Landwirtschaft und Nahrungsproduktion, auch die

107 Terra Sigillata ahmte als dünnwandige, ziegelrote Keramik Gefäße aus Edelmetall nach. Die Reliefverzierung entstand in Formschüsseln; so wurden ganze Serien gleichartiger Gefäße hergestellt. Arezzo, Archäologisches Museum.

Erzeugung von Gütern des täglichen Bedarfs sowie Herstellung und Reparatur von Waffen erfolgten meist in eigenen Produktionsstätten, und der Handel mit der umliegenden Bevölkerung ergänzte das kursierende Warenangebot. Als aber im 3. Jh. n. Chr. große mobile Verbände von Krisenherd zu Krisenherd zogen, wandelte sich das nunmehr unproduktive Militär zu einem gigantischen Ressourcen-Vernichter, der mit Konfiskationen und Enteignungen ganze Regionen ins Elend stürzen konnte.

Der Prunk des ›Kleinen Mannes‹: Selbstinszenierungen des Bürgertums

Prunk und Luxus der römischen Oberschicht sind nicht nur in Gestalt der aufwendigen Bauten archäologisch gut dokumentiert, auch Statuen, Schmuck aus Edelmetall, Keramik, Kameen und Portraits, die die Museen der Welt füllen, sind überwiegend Zeugnisse dieses Wohlstands. Daß aber auch die weniger reiche Bürgerschaft der Städte selbstbewußt darum bemüht war, dem Repräsentationsstil der Oberschicht zu folgen, zeigen zahlreiche weniger spektakuläre Denkmäler.

Ein herausragender Ort bürgerlicher Repräsentation waren die Nekropolen, die sich vor den Stadttoren entlang der Hauptstraßen erstreckten. Ärmere und reicher ausgestattete Grabbauten lagen unmittelbar nebeneinander. Auffällig ist dabei, wie sehr sich weniger wohlhabende Familien an den Repräsentationsformen der Reichen orientierten: Die Grabreliefs waren in gleichem Typus gestaltet, und die Grabbauten folgten, wenn auch insgesamt in verkleinerter Form, den aufwendigeren Architekturen. Solche ›Gräberstraßen‹ bildeten insgesamt ein steingewordenes Abbild der sozialen Strukturen eines Ortes.

108 Gräberstraße hinter dem »Herculaner Stadttor« von Pompeji.

Zahlreiche Hinweise auf die bürgerliche Vorstellungswelt finden sich in dem, was man gemeinhin abschätzig als »Kleinkunst« oder »Kunstgewerbe« bezeichnet. Gemmen imitierten in flüchtig geschnittenen Bildern ›große Kunst‹ oder waren mit ihren magischen Motiven Indikatoren eines weit verbreiteten Aberglaubens; Edelstein wurde dabei oft durch billigen Glasfluß ersetzt. Ein in Modeln geformtes Serienprodukt war die Terra Sigillata, ziegelfarbenes Tafelgeschirr, dessen Reliefverzierungen römische Alltagswelt und populäre Mythosmotive zeigten; dies war nicht, wie oft behauptet wird, das ›Meißner Porzellan der Römer‹, sondern Alltagsgeschirr, das selbst einfachste Soldaten mit sich trugen. Die ebenfalls in Serie gefertigten Tonlampen mit ihren derben Rundreliefs bildeten insgesamt ein ganzes Kompendium erotischer Wunschvorstellungen und sexueller Praktiken. Erotik und Sexualität waren, oft in das Gewand mythischer Szenen gekleidet, auch wichtige Bildthemen der Wandmalerei, die es in weniger wohlhabenden Haushalten oft mindestens in einem Raum gab. Aus der konventionellen Sicht des Kunsthistorikers mögen all diese Dinge zweit- oder gar drittrangig sein, dem Sozialgeschichtler aber erschließt sich hier ein Quellenmaterial, das weitreichende Folgerungen über die Lebensumstände der breiten Bevölkerung in der römischen Antike zuläßt.

109 Römische Tonlampe, 2. Jh. n. Chr. Durch das Loch in der Figurenszene wurde Öl nachgefüllt; aus der Tülle ragte der brennende Docht.

Von Armut und Banditentum

Die Art und Weise, wie eine Gesellschaft mit Arm und Reich umgeht, hat unmittelbare Auswirkungen auf das Ausmaß der Kriminalität. Diese Erkenntnis war im Alten Rom immer ein Thema in den besseren Kreisen. Nicht nur die stadtrömische *plebs urbana*, sondern ein erheblicher Teil der Gesamtbevölkerung verfügte über keinerlei Einkommen. Innerhalb der durch extreme Ungleichheit gekennzeichneten ökonomischen Rah-

Wandmalerei: Die vier pompejanischen Stile

110 Erster pompejanischer Wandmalerei-Stil: Nebenraum des Atriums im »Haus des Sallust« in Pompeji, um 200 v. Chr.

111 Zweiter pompejanischer Wandmalerei-Stil: *cubiculum* (Schlafraum) in der »Mysterienvilla« bei Pompeji, um 60 v. Chr.

Die Freilegung der im Vesuvausbruch von 79 n. Chr. untergegangenen Städte und Landvillen, aber auch die Ausgrabungen luxuriöser Stadthäuser und Palastanlagen in Rom und anderen Orten des Reiches förderten in großem Umfang farbenprächtige Wandmalereien zutage. Sie fanden vor den Augen kunstsinniger Archäologen zunächst aber nur wenig Anerkennung, galten sie doch als Kunstgewerbe in der Art moderner Tapeten und nicht als inspirierte Kunstwerke, wie die in der antiken Literatur in hymnischen Worten beschriebenen, aber nicht erhaltenen Meisterwerke griechischer Malerei.

Noch heute beeindruckt die Farbigkeit und die präzise Ausführung dieser Malereien: Ocker, Blau, Schwarz und vor allem das Pompejanisch-Rot, über dessen Herstellung weiterhin gerätselt wird, sind die Farben, aus denen zusätzliche Mischtöne erzeugt wurden. Die Wände wurden in Fresko-Technik bemalt, d. h., die Farben wurden auf den noch feuchten Putz aufgetragen – eine Technik, die eine sichere und schnelle Malerhand erforderte. Die römisch-pompejanische Wandmalerei wurde von Archäologen in vier Stilstufen unterteilt. Alle vier Dekorationssysteme imitieren Architektur, von der konkret nachbildenden Baustruktur über eine illusionistische Architekturmalerei hin zu einem ornamentartigen Bühnenaufbau mit eingefügten erzählenden Bildszenen.

Der erste Stil (sogenannter Inkrustationsstil) zeigt über einer Sockelzone einen Wandaufbau aus Quadern, oft mit vorgeblendeten Säulen. Dieses Dekorationsmuster fand sich bereits in makedonischen Kammergräbern des 4. und 3. Jh. v. Chr., ab etwa 200 v. Chr. dann auch in Pompeji. Der zweite Stil, zwischen 80 v. Chr. und 10 n. Chr. verbreitet, behielt die Sockelzone bei, setzte die Säulen nun aber darauf, und ›hinter‹ ihnen erschienen in illusionistischer Perspektive weitere Architekturelemente, die nun oft nicht mehr real gebaute Architektur zum Vorbild hatten, sondern eher der Phantasie entstammten. Der dritte Stil (von ca. 10 n. Chr. bis zum Erdbeben in Pompeji 63 n. Chr.) steigerte

112 Dritter pompejanischer Wandmalerei-Stil: Nebenraum des Atriums im »Haus des Lucretius Fronto« in Pompeji, um 50 n. Chr.

113 Vierter pompejanischer Wandmalerei-Stil: Wohnraum im »Haus des Fabius Rufus« in Pompeji, um 70 n. Chr.

den architektonischen Illusionismus des zweiten Stils durch vielfache Durchblicke auf Häuser, Garten- und Meerlandschaften unter Einbeziehung einer gekonnt auf Fluchtpunkte hin orientierten Tiefen-Perspektive. Der architektonische Bildvordergrund verzichtete nun oft auf die konkrete Abbildung einer Sockelzone und wirkt fast zerbrechlich-filigran. Mit diesem Rahmenaufbau verwoben waren Einzelbilder mit erzählender Darstellung mythologischer oder bukolisch-idyllischer Themen. Der vierte Stil, von 63 bis zum Untergang Pompejis 79 n. Chr. in Mode, löste die architektonische Struktur bis zur Ornamenthaftigkeit auf. Die Wände bestanden nunmehr aus Figurenszenen, die frei innerhalb dieser Struktur agieren und nur noch selten als gerahmte Einzelbilder erschienen.

Mit dem verheerenden Vesuvausbruch 79 n. Chr. endete zwar die Reihe der von der Forschung definierten Malerei-Stile, nicht jedoch die römische Wandmalerei an sich, die fortan nur noch in weit geringerem Umfang, vor allem aus Gräbern und Katakomben (s. S. 118f.) sowie den Provinzen, bekannt ist.

Der römische Architekt Vitruv, ein Zeitgenosse des Augustus und Autor der einzigen erhaltenen längeren Abhandlung über Architektur aus der Antike, polemisierte gegen den architektonischen »Irrealismus« des zweiten Stils: »Aber die Themen, die (einst) aus der Wirklichkeit übernommen wurden, werden heute von einem absurden Geschmack verworfen. Man bemalt die Wände mit Ungeheuern anstatt mit genauen Bildern von bestimmten Dingen; an die Stelle von Säulen tritt kanneliertes Schilfrohr, an die Stelle von Giebeln Verzierungen aus gerollten Blättern und Laubwerk und Kandelaber, die Bilder kleiner Tempel tragen; aus ihren Giebeln wachsen Blumensträuße aus verschlungenen Wurzeln; dazwischen finden sich ohne Sinn und Verstand sitzende Figürchen und Stengel, die Halbfiguren tragen, die einen mit Tier-, die anderen mit Menschenköpfen. Das alles existiert nicht, kann nicht existieren und hat niemals existiert ... Aber obwohl die Menschen diese Fehlgriffe sehen, tadeln sie sie nicht, sondern erfreuen sich daran.«

Vitruv, *de architectura libri decem* VII, 5, 3–4

114 Trajan bei der *alimentatio*, der Nahrungsmittelverteilung an arme, kinderreiche Familien. Ermöglicht wurden solche sozialen Maßnahmen durch eine komplizierte Besteuerung der Wohlhabenden. Relief vom Trajansbogen in Benevent, 114 n. Chr.

menbedingungen waren Arbeit und Auskommen nicht für alle zu bewirken; insbesondere dann, wenn ein ›freier Arbeitsmarkt‹ mit Sklavenarbeit konkurrieren mußte. Daß die daraus folgende Armut eklatante Dimensionen erreicht haben muß, wissen wir nur aus der antiken Literatur. Armut, das ›Etwas-nicht-haben‹, ist ein Faktor, der sich in archäologischen Funden eben nicht manifestiert.

Für die Begüterten bedeutete dieser Umstand ein Problem, das auf jeden Fall mit eigenen Nachteilen verbunden war. Passivität führte zu einem rapiden Anwachsen von Kriminalität und Verbrechen, den letztlich einzigen Einkommensquellen für Mittellose. Aber nicht Mord, Raub, Diebstahl und Erpressungen, wie dies in den Städten alltäglich vorkam, bildeten das eigentliche Problem. Zur unkalkulierbaren Bedrohung wurden große, organisierte Banden, die Teile ganzer Provinzen oder, als Seeräuber, weite Bereiche des Mittelmeeres zur ›unsicheren Region‹ werden ließen. Aus der Sicht der Herrschenden waren solche Ansätze zu einem ›alternativen Wirtschaftskreislauf‹ ernst zu nehmende Gefährdungen von Gesetz und Ordnung. Aus der Sicht eines Mittellosen hingegen boten allein diese Strukturen ein einigermaßen sicheres Überleben.

Die Bekämpfung von Banden und Seeräubern war aufwendig und kostspielig, und diese Kosten mußten letztlich eben von den Wohlhabenden, etwa per Sondersteuer, erbracht werden. Um der Seeräuber-Plage Herr zu werden, rüstete Pompejus 67 v. Chr. 500 Schiffe und nahm 125 000 Mann unter Waffen; zwar war schon nach drei Monaten seine Mission erfüllt, doch daß man sich bewußt war, es mit einem sozialen Problem und nicht mit ›einfachen‹ Kriminellen zu tun zu haben, zeigt die Tatsache, daß die besiegten Seeräuber nicht drakonisch bestraft, sondern sogar mit erheblicher Unterstützung des Staates auf ihnen übereignetem Land angesiedelt wurden.

Aber auch präventive Maßnahmen waren mit erheblichen Kosten verbunden. Und so entstand im antiken Rom, je nach Engagement der örtlichen Verwaltung oder des jeweiligen Kaisers, nur sporadisch so etwas wie eine Sozialpolitik. Immer wieder kam es zu aufwendigen Alimentar-Aktionen, bei denen in einem Staatsakt Lebensmittel an Bedürftige verteilt wurden – meist jedoch keine pure Großzügigkeit aus der Staatsschatulle, sondern Maßnahmen, die durch ein kompliziertes Besteuerungsverfahren auf die Vermögenden umgelegt wurden. Sozialpolitisch aktive Kaiser wie etwa Nero wurden auch aus diesen Gründen von der Aristokratie in ein negatives Licht gerückt, ein Image, das antike Schriftsteller wie Sueton und Cassius Dio weitertransportierten und das sich bis heute gehalten hat.

Medizin und Pharmazie im Alten Rom

Daß der Stand der Medizin in der römischen Antike hochspezialisiert war, belegen nicht nur die acht detaillierten Bücher über die Arztkunst von Celsus aus der Zeit um 30 n. Chr. oder die Schriften des Arztes Galen aus dem 2. Jh. n. Chr., sondern auch die medizinischen Geräte, die sich

115 Rekonstruierte Armut: Die ›eiserne Ration‹ (Vorrat für drei Tage) und die bescheidene Tagesration des einfachen Soldaten, alles zusammen Nahrung für vier Tage.

116 Straßenbettler in einer römischen Stadt. Umzeichnung des 19. Jh. nach einer Wandmalerei aus Herculaneum.

bei Ausgrabungen zahlreich gefunden haben. Verschiedene Spatel, Löffelsonden, Pinzetten, Zangen, Nadeln, Sägen, Knochenmeißel, Messer, Skalpelle, Schröpfköpfe und Wundhaken lassen erahnen, daß sich der Stand der medizinischen Kunst bis ins 19. Jh. hinein kaum über das in der römischen Antike erreichte Niveau hinausentwickelt hat.

Ärzte wurden in speziellen Schulen ausgebildet. Sie boten ihre Dienste entweder ambulant oder in einer Praxis an, die ein Behandlungszimmer im eigenen Haus sein konnte, aber auch ein gemieteter Raum in öffentlichen Baukomplexen wie etwa den Thermen oder in einer Basilika. Es gab zahlreiche Spezialisierungen – Gynäkologen, Zahn- und Augenärzte, Chirurgen –, aber auch hartgesottene Praktiker wie z. B. die Militär-Ärzte, die berüchtigt dafür waren, daß sie sich nicht mit langwierigen Heilverfahren aufhielten und verwundete Gliedmaßen häufig gleich amputierten.

Hochentwickelt war auch die Pharmazie: Aus den verschiedensten Bestandteilen wurden Tinkturen, Salben und Pulver gemixt und die Rezepturen in Büchern festgehalten. Im 69/70

117 Der Ort Baiae am Golf von Neapel war der bedeutendste Kurort der römischen Antike.

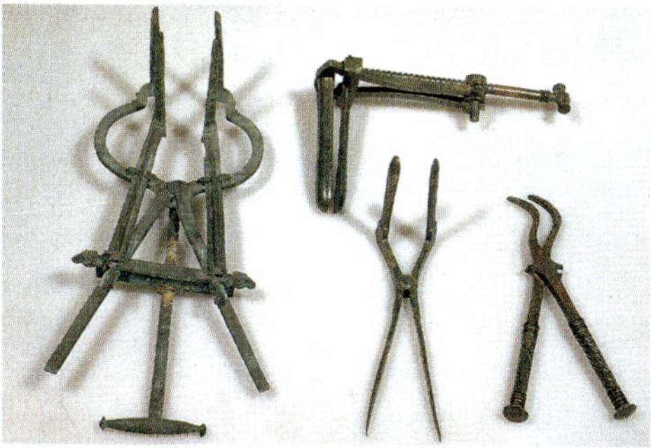

118 Arztinstrumente aus dem »Haus des Chirurgen« in Pompeji. Neapel, Nationalmuseum.

n. Chr. zerstörten Legionslager von Neuss haben sich die Reste der Apotheke erhalten: Tausendgüldenkraut, Thymian, Bilsenkraut, Bockshornklee, Johanniskraut und Eisenkraut ließen sich in den Trümmern der Krankenstation nachweisen. Es war aber oft schwer, gute Rohstoffe für die Herstellung von Medikamenten zu beziehen, und die kommerziell ge-handelten Produkte standen in keinem guten Ruf, denn bei den hohen Preisen lohnte es sich für Hersteller und Händler, die Mittel zu strecken oder sogar gänzlich zu fälschen. So schrieb Plinius im 34. Buch seiner *naturalis historia* (»Naturgeschichte«): »So weit sind nun die Ärzte von der Medikamentenherstellung weg, die doch einmal das eigentliche Wesen der Medizin war. So oft sie nun aus Büchern etwas zusammenmixen und das dann auf Kosten der unglücklichen Patienten ausprobieren wollen, vertrauen sie blind den Betrügern, die die Mittel verfälschen.«

Hochentwickelt war in römischer Zeit der auf griechischen Anfängen aufbauende Kurbetrieb. Nicht nur einzelne Ärzteschulen, sondern ganze Städte und Regionen (z. B. die Insel Kos oder das ›Amphiareion‹ bei Oropos nördlich von Athen) warben um Kundschaft, versprachen komfortable Heilung und einen bequemen Aufenthalt; vielfach ist von Reichen überliefert, daß sie sich solche medizinisch motivierten Arbeitspausen gönnten.

119 Wundhaken, Nadel, Spatelsonden und Trepaniersäge. Grabfunde des 3. und 2. Jh. v. Chr. Originalzeichnung der Ausgräber, 1913.

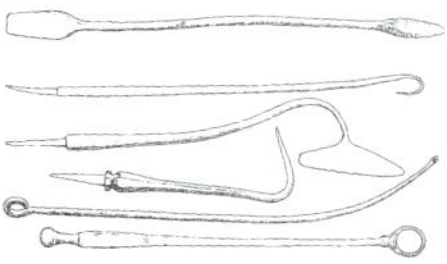

242 v. Chr.	Sizilien (39)
227 v. Chr.	Sardinien (14), Korsika (13)
197 v. Chr.	Hispanien (*citerior* [10] und *ulterior* [11])
148 v. Chr.	Makedonien (21)
146 v. Chr.	Afrika (38)
129 v. Chr.	Asien (25)
121 v. Chr.	Gallia Narbonnensis (12)
102 v. Chr.	Kilikien (29)
81 v. Chr.	Gallia cisalpina
74 v. Chr.	Kyrene (37)
64 v. Chr.	Kreta
63 v. Chr.	Pontos (24), Syrien (30)
58 v. Chr.	Zypern (33)
46 v. Chr.	Numidien (Africa nova [40])
30 v. Chr.	Ägypten (36)
25 v. Chr.	Galatien (26)
16 v. Chr.	Aquitania (6), Lugdunensis (2), Belgica (3)
15 v. Chr.	Noricum (8), Raetien (7)
10 n. Chr.	Pannonien (16)
17 n. Chr.	Kappadokien (27)
42 n. Chr.	Mauretanien (41)
43 n. Chr.	Britannien (1)
46 n. Chr.	Thrakien (22)
72 n. Chr.	Judaea (34)
86 n. Chr.	Moesien (*superior* und *inferior*) (20)
90 n. Chr.	Germanien (*superior* [4] und *inferior* [5])
106 n. Chr.	Arabien (35)
107 n. Chr.	Dakien (17)
114 n. Chr.	Armenien (28)
115 n. Chr.	Assyrien (31)

Die beigestellten Ziffern beziehen sich auf die unten abgebildete Karte.

120 Die römische Welt und ihre Regionen zur Zeit des Kaisers Trajan.

Die Entstehung des Großreiches und seine Verwaltung

Mit der Eingliederung der Provinz Dakien in das Imperium und der Konstituierung der Provinzen Armenien, Mesopotamien und Assyrien erreichte das römische Reich unter Kaiser Trajan seine größte territoriale Ausdehnung. Bereits seit dem 3. Jh. v. Chr. waren alle dem Reich einverleibten Gebiete außerhalb Italiens als geographisch genau fixierte Provinzen organisiert worden (s. S. 37). Caesars Gallienkriege, die Eroberungen Ägyptens, Germaniens und des Donauraumes in der Zeit des Augustus und der Britannienfeldzug des Claudius waren bis zu Trajans Feldzügen die Eckpfeiler der römischen Expansion.

Provinzen waren zunächst allein dem Senat unterstellte, auf lokaler Ebene weitgehend autonome Verwaltungseinheiten, die auf der Basis eines gesetzlichen Statuts (*lex provincialis*) von periodisch wechselnden Statthaltern regiert wurden und die als Untertanen-Gebiete gegenüber Rom steuerpflichtig waren. Die Bürger der Provinzen besaßen im Vergleich mit denjenigen Italiens bis zum Jahr 212 n. Chr. ein minderes Bürgerrecht, einen Sonderstatus hatten aber die Bewohner einer *colonia* mit ihrem über das übliche *municipium* hinausgehenden Stadtrecht.

Die gesetzlichen Grundlagen, die Zuordnungen und die Gebietszuschnitte der Provinzen wurden im Laufe der Jahrhunderte mehrfach revidiert. 27 v. Chr. wurde das Reich in kaiserliche

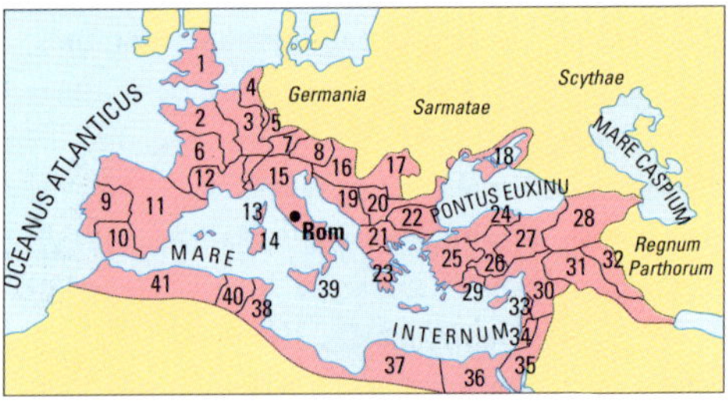

und senatorische Provinzen geteilt. Der ›alte Kern‹ des Reiches, die Gebiete in Griechenland, Kleinasien, Südgallien und Nordafrika, bildeten die senatorischen Provinzen. In ihnen standen keine Truppen, und sie wurden von einem jährlich wechselnden *proconsul* regiert. Die Provinzen an den Randzonen des Reiches waren das Aktionsgebiet des Militärs. Sie unterstanden direkt dem Kaiser und wurden von einem *legatus*, einem kaiserlichen Gesandten, verwaltet. In jeder Provinz erhob, unabhängig von ihrem Status, ein Finanzprocurator die Steuern.

Im Zuge der Reformen, die Kaiser Diokletian als Reaktion auf die umfassende Krise des römischen Reiches am Ende des 3. Jh. n. Chr. durchführte (s. S. 107ff.), wurde auch das Verwaltungssystem grundlegend umgestaltet. Die Tetrarchie, die gleichzeitige Herrschaft von vier kollegial verbundenen Kaisern, die Diokletian als Novum installierte, führte zur Teilung des Reiches in vier Zuständigkeitszonen, zu drei zusätzlichen Hauptstädten (Mailand, Trier, Thessaloniki) und damit zu einer Rom und Italien abwertenden Dezentralisierung. Das Reich indessen wurde aus Gründen einer effizienteren Steuererhebung um so straffer organisiert: Zunächst zwölf, später vierzehn Großregionen, die Diözesen, entstanden als übergeordnete Verwaltungseinheiten. Die einstmals an die 50 Provinzen wurden in 95, unter Constantin dann sogar in 117 kleine Bezirke aufgeteilt und diesen Diözesen zugeordnet. Dieses System ermöglichte – sicher nicht zur Freude der Bevölkerung – eine bis ins abgeschiedendste Dorf eingreifende Verwaltung, eine Struktur, die in der byzantinischen Themen-Ordnung mit ihren detailliert gegliederten Unterbezirken bis ins Mittelalter erhalten blieb.

Immer ein wichtiger Faktor für Staat und Verwaltung waren die an den

121 Die Trajans-Säule in Rom, einst als Grabmal des Kaisers erbaut, schildert in einem spiralförmig aufsteigenden Reliefband die Dakerkriege, deren siegreicher Abschluß die Einrichtung der Provinz Dakien zur Folge hatte.

122 Die Plünderung Jerusalems 70 n. Chr. durch Truppen des Titus wurde durch markantes Beutegut wie den siebenarmigen Leuchter als historisches Ereignis verdeutlicht. Durchgangsrelief vom Titusbogen in Rom, Forum Romanum.

Grenzen der Randprovinzen gelegenen nichtrömischen Staatsgebilde, vor allem diejenigen im Orient, die über eine lange Tradition der Eigenständigkeit verfügten und Rom mehrfach in komplizierte Kriege verwickelten. Hier wurde eine Bündnispolitik betrieben, die diese Staaten bisweilen zu Klientel-Gebilden Roms werden ließ: wirtschaftlich und militärisch abhängige Vasallen, die manchmal nicht nur Verwaltungsstrukturen Roms übernahmen, sondern zu Beinahe-Provinzen wurden. Beispiele sind Kappadokien und Mauretanien, die noch im 1. Jh. v. Chr. auf dem ›Verwaltungswege‹ dem Römerreich faktisch zugeschlagen wurden, oder Armenien und Mesopotamien, die bis zum 2 Jh. n. Chr. vor diesem Hintergrund überwiegend loyale Verbündete Roms waren.

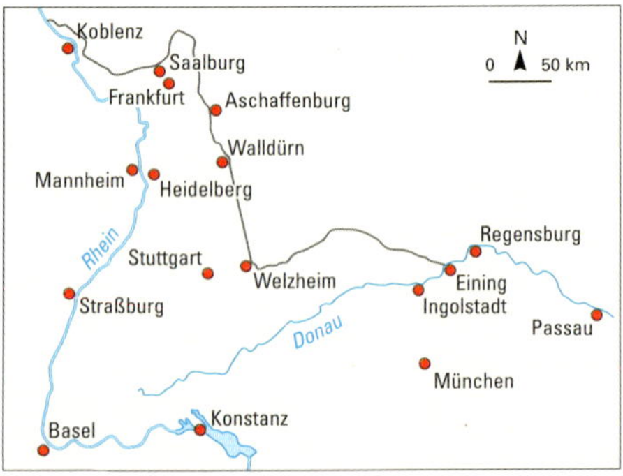

123 Der Rhein-Donau-Limes im 2. Jh. n. Chr.

Der Limes und seine Kastelle

Die mit Caesars Gallienfeldzügen begonnene Expansion des römischen Reiches nach Norden wurde unter Augustus fortgesetzt. Die 15 v. Chr. gegründeten Provinzen Raetien und Noricum bildeten erste festgefügte Reichsteile nördlich der Alpen, und mehrere Kriegszüge griffen immer weiter nach Norden in germanisches Gebiet aus, das zunächst durch eine Reihe von Kastellen an Rhein und Lippe nur notdürftig militärisch abgesichert werden konnte. Die wenig ermutigenden Expeditionen des Tiberius bis an Weser und Elbe und die Katastrophe der Varus-Schlacht 9 n. Chr. beendeten diese Expansionsphase schlagartig. Seit diesem Zeitpunkt war das römische Reich an seiner Nordgrenze in einer dauerhaft defensiven Position. Die Gefahr durch die unberechenbaren germanischen Stämme war immer gegenwärtig, wie etwa der Bataver-Aufstand 69/70 n. Chr. oder die Chattenkriege 83 n. Chr. zeigten, deren vernichtende Auswirkungen sich noch heute bei Ausgrabungen in römischen Kastellen durch meterdicke Brand- und Schuttschichten nachvollziehen lassen.

Der Limes als ein gigantisches Grenzsicherungssystem war Resultat dieser Defensive und sollte zunächst die zahllosen Germaneneinfälle in das eroberte Territorium nachhaltig stoppen. Er wurde dann über 200 Jahre hinweg ausgebaut; seine Reste finden sich überall im Reich, vor allem in den Gegenden, wo die Grenze zwischen römischem Gebiet und dem ›Ausland‹ nicht militärisch einfach zu verteidigendem Gelände wie breiten Flußläufen oder steilen Bergrücken folgte. Am besten erhalten sind das vom Rhein zur Donau verlaufende Teilstück in Deutschland, mit dem die 90 n. Chr. gegründete Provinz Germanien abgesichert wurde, die Clyde-Forth-Linie (Antoninus-Pius-Wall) in Schottland und die Solway-Tyne-Linie (Hadrians-Wall) in England. Auch einige Abschnitte des Donau-Limes in Österreich, Bulgarien und Rumänien sind erhalten, während der quer durch die nördliche Sahara verlaufende nordafrikanische Limes und die Sicherungssysteme der Ostgrenzen kaum mehr existent sind.

Der ca. 500 km lange obergermanisch-raetische Limes verlief von Hönningen am Rhein zunächst östlich quer durch Westerwald, Taunus und Wetterau, knickte dann bei Arnsburg scharf nach Süden und bog nach ca. 200 km bei Lorch nahe Stuttgart erneut nach Osten, wo er nach weiteren 150 km bei Kehlheim an die Donau traf. Ein älterer Teil des Nord-Südstückes verlief weiter westlich, etwa von Aschaffenburg nach Heilbronn an den Neckar. Noch unter Trajan blieb der Limes eine mehr oder weniger offene Landscheide, die lediglich mit einer auf Sichtweite gesetzten

124 Wachturm mit Mauer und Wall am raetischen Limes. Rekonstruktion

125 Rom im deutschen Wald: Die in wilhelminischer Zeit wiederaufgebaute Saalburg bei Frankfurt ist ein typisches Auxiliar-Kastell, unmittelbar am Limes gelegen.

In einem ›Bericht‹ über die Germanen reihte DER SPIEGEL noch 1996 überkommene Klischees reißerisch aneinander: »Rom ließ von den rumorenden Barbaren ab, verschanzte sich hinter Rhein, Donau und Limes und überließ die unbeugsamen Rapunzelfresser sich selber. Die Germanen verharrten fortan in einem Zustand der Agonie ... Rund 300 Jahre hielt der Limes als Bollwerk gegen das Armenhaus Europas. Dann erlahmten Roms Kräfte unter dem Ansturm der jähzornigen Plünderer.« (Heft 44, 1996, S. 212).

126 Der äußerste Norden des Imperiums: Winter am Hadrians-Wall in England.

Kette von Wachtürmen und einer Reihe von etwas landeinwärts versetzten Kastellen gesichert war. Erst unter Hadrian und Antoninus Pius wurde die Grenze bis auf wenige Durchlässe mit Gräben, Palisaden und sogar hohen Mauern abgeriegelt, die im Laufe der Jahrzehnte immer weiter ausgebaut und mit Steinarchitekturen verstärkt wurden – eine insgesamt gewaltige Bauanstrengung.

Die Beobachtungstürme unmittelbar an der Grenzlinie waren zunächst aus Holz, später aus Stein, je nach Geländebedingungen zwischen 4 und 8 m hoch und in Abständen von 500 m bis 5 km voneinander positioniert. Das 80 km schnurgerade durch die Landschaft gezogene Teilstück zwischen Walldürn und Welzheim ließ sich mit relativ geringem Aufwand sichern, während die unübersichtliche Topographie von Westerwald und Taunus ein dichteres Netz von Posten erforderte. Jeder Turm war bewaffnet und verfügte über im Gefahrenfall schnell entzündbare Holzstapel oder Strohballen, die als einfaches, aber wirkungsvolles Meldesystem dienten. Etwas landeinwärts lag im Abstand von 10 bis 30 km an einer gut ausgebauten Straße eine Kette von kleinen Kastellen für Auxiliar-Truppen: nicht-römische Hilfstruppen, von denen höchstens 500 Mann in einem derartigen Kastell stationiert waren. Die rekonstruierte Saalburg bei Frankfurt (s. S. 147) war ein solches Auxiliar-Kastell und kann einen guten Einblick in den Lebensalltag in einem dieser Lager geben. In wesentlich größerem Abstand voneinander und z. T. weit ins Landesinnere zurückgezogen lagen die Legionslager, die eigentlichen Standorte der Armee. Sie beherbergten meist eine, selten zwei Legionen (6000 oder 12 000 Mann). Über ein gut ausgebautes Wegenetz konnten die Truppen einen bedrohten Ort aber dennoch schnell erreichen, ohne in ihren Lagern selbst unmittelbar gefährdet zu werden.

Die ›Verstädterung‹ der Militärlager: Vom Entstehen neuer Zentren

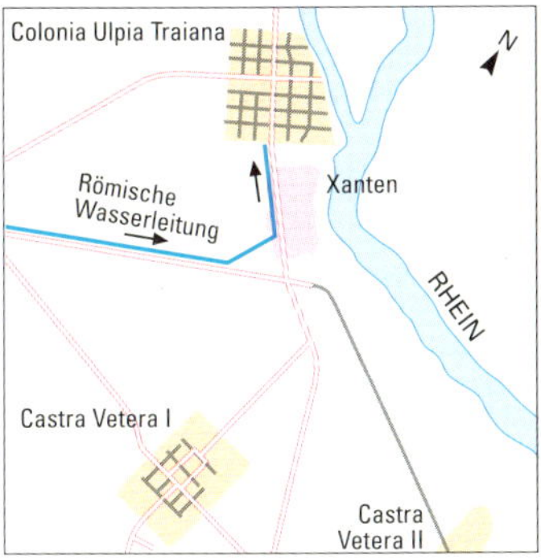

127 Vom Militärlager zur Stadt: Die Colonia Ulpia Traiana bei Xanten entstand um 100 n. Chr. als neugeplante Veteranenkolonie und löste damit wohl auch die bis dahin existierenden provisorischen Siedlungen beim Militärlager Vetera I (gegründet um 5 v. Chr.) ab.

Die ›Romanisierung‹ einer Region ist immer wieder mit der Ansiedlung von Kultur und gepflegter Lebensart in einer barbarischen Diaspora gleichgesetzt worden. ›Die Römer‹ brachten Architektur und Bildhauerei, Dichtkunst, Straßen- und Brückenbau, Schiffahrt, Weinanpflanzungen und hochstehende Landwirtschaft in ein beinahe noch von Halbwilden bewohntes Terrain. So stilisierte Caesar die Dinge in seinem *bellum gallicum* (»Gallischer Krieg«) oder Tacitus in seiner *Germania*, und so liest man es auch heute noch oft bei modernen Autoren, die sich in dieser römischen Ideologie verfangen haben.

Doch was war diese ›Romanisierung‹ wirklich? Ihre Keimzelle war Krieg und Eroberung. In der Zeit von Caesar und Augustus wurden weite Teile Galliens und Germaniens gewaltsam in das römische Reich integriert. Dabei entstanden zahlreiche Lager und Kastelle, die zunächst als reine Marschlager keine dauerhaften Strukturen aufwiesen, sich an strategisch sicheren Standorten aber nach und nach zu stadtähnlichen Gebilden verfestigten. Besonders auf dem linksrheinischen Ufer in Deutschland und den Niederlanden, aber auch am südlichen Donauufer in Deutschland, Österreich, Ungarn und Bulgarien bildeten diese Militärlager die ersten Kerne von Siedlungen. Ob Nimwegen, Xanten, Köln und Neuss, Remagen, Bonn, Mainz, Trier, Regensburg oder Budapest, alle diese Städte gehen auf große römische Legionslager zurück.

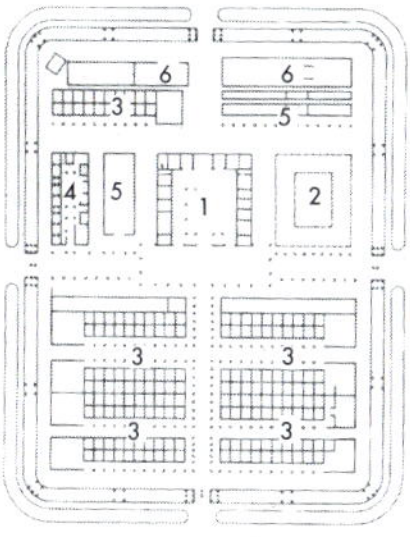

128 Grundriß des Auxiliar-Kastells Künzig in Niederbayern, um 90 n. Chr. errichtet.
1 = *principia* (Stabsgebäude)
2 = *praetorium* (Haus des Kommandeurs)
3 = *centuriae* (Mannschaftsunterkünfte)
4 = *valetudinarium* (Lazarett)
5 = *horrea* (Vorratslager)
6 = *stabulae* (Ställe).

Der Vorgang der ›Stadtwerdung‹ war dabei stets ähnlich. Entwickelte sich ein einmal aufgeschlagenes Legionslager aus militärisch-strategischen Erwägungen heraus zu einem dauerhaften Stützpunkt, wurde die Zeltstadt zunächst durch Baulichkeiten aus Holz, später dann aus Stein ersetzt. Die Lagerbefestigung wurde ausgebaut, ebenso die Anbindung an die allgemeine Infrastruktur. Man erschloß Rohstoffquellen, konstruierte Straßen, bohrte Brunnen oder führte über Leitungen Quellwasser aus der näheren Umgebung herbei. Da Militärlager zunächst weitgehend Selbstversorger waren, wurde eine Landwirtschaft ebenso betrieben wie die Produktion von

129 Das Nord-Ost-Tor von Volubilis (Marokko). In sicherer Distanz hinter der Limes-Grenze entwickelten sich vom 1. bis zum 3. Jh. n. Chr. auch in Nordafrika zahlreiche blühende Städte, deren eindrucksvolle Ruinen heute z. T. in der Sahara liegen, wo damals jedoch klimatisch günstigere Bedingungen herrschten.

Gütern des täglichen Bedarfs. Zugleich siedelten sich um das Lager herum Leute an, die die Nähe zu solch aufstrebender Infrastruktur suchten, sei es, um Produkte aus dem Lager zu kaufen, sei es, um weitere Waren oder Dienstleistungen wie Prostitution oder Glücksspiel anzubieten. Jeder Legion folgte ein ganzer Troß solcher Zivilisten, der sich bald mit der einheimischen Bevölkerung zu vermischen begann. Mit der Zeit erwuchs aus dem eher provisorischen Chaos von Buden und Hütten eine festgebaute Siedlung – oft in einem regelrechten Gründungsakt, bei dem dann die Holzbauten abgerissen wurden und eine regelmäßig angelegte, in ihren Strukturen dem Militärlager mit seinen rechtwinkligen Anordnungen nachgeahmte Siedlung mit allen nötigen öffentlichen Bauten und Einrichtungen wie einem Forum, einem Kapitolstempel etc. entstand. Märkte bildeten sich, die auch die Region mit einbezogen, und Handel und Gewerbe weiteten sich über das eigentliche Militärlager hinweg aus.

130 Die römische Stadt Augusta Raurica (das heutige Augst bei Basel) entstand aus einem 44 v. Chr. angelegten Legionslager. Modell des Stadtzentrums, Zustand 2. Jh. n. Chr.

Zusammen mit dem Lager konnten die sich darum herumrankenden Hüttendörfer, die *canabae legiones*, sich binnen weniger Jahre zu Siedlungskernen wandeln, denen oft städtische Rechte verliehen wurden. Die Bevölkerung solcher Orte nahm nach und nach eine gänzlich römisch geprägte Lebensweise an. Teilweise wurden Legionslager nahe bei bereits existierenden, eroberten Siedlungen Einheimischer angelegt. Gerade in Deutschland und den Niederlanden sind diese Prozesse nicht nur historisch, sondern auch archäologisch gut faßbar. Aus dem um 5 v. Chr. auf einer leichten Anhöhe über Rhein und Lippe gegründeten Legionslager Vetera entwickelte sich eine Siedlung (**127**), die um 100 n. Chr. in eine repräsentative Reißbrettstadt umgeformt wurde und als Colonia Ulpia Traiana mit höchstem Stadtrecht ausgestattet wurde (beim heutigen Xanten). Den Rechtsstatus als *colonia* erhielt auch das um 50 n. Chr. aus einem Legionslager in der Nähe einer alten Siedlung der Ubier hervorgegangene Köln (Colonia Claudia Ara Agrippinensium), das mit seiner durch das Kastell bei Deutz gesicherten Rheinbrücke zu einem Verkehrsknoten ersten Ranges wurde.

131 Eine Auswahl im antiken römischen Bauwesen gebräuchlicher bunter Steinsorten, mit denen Gußzement-Strukturen verkleidet wurden.

In Mittelalter und Moderne wurden von allen römischen Relikten die Ingenieurleistungen der Architektur am meisten gerühmt. Nicht nur Prunk und Größe der Bauten, auch ihre ›ewige‹ Haltbarkeit und ihr selbst in halbverfallenem Zustand noch symbolhafter Ruinencharakter verliehen der römischen Antike ein romantisches Image, das in den pittoresken Veduten eines Piranesi oder Canaletto bis heute nachwirkt (s. S. 134).

132 Das Relief vom Grabmal der Haterier in Rom zeigt einen großen Lastenkran, mit dem die Steinblöcke mit Flaschenzügen versetzt wurden. Rom, Vatikanische Museen.

War die antik-griechische Architektur von unscheinbaren und vergänglichen Holz- und Lehmziegelbauten gekennzeichnet (und nicht von der heute meist erhaltenen und deshalb die Vorstellungen davon so dominierenden Quader- und Säulenarchitektur), revolutionierte die römische Erfindung des Gußzements und des gebrannten Ziegels nicht nur die Bauformen, sondern auch alle technisch-organisatorischen und sozialen Aspekte des Bauwesens. Das dem heutigen Zement ähnliche, verflüssigbare und deshalb in einer Holzschalung formbare *opus caementicium* war ein Baustoff, der schnell aushärtete, nahezu unbegrenzt belastbar und kaum mehr zerstörbar war und der als unansehnlicher grauer Gußkern mit verschiedenen Ziegelstrukturen, mit polierten Marmor- oder Travertinplatten hochdekorativ verblendet werden konnte. Diese Zement-Technik, aber auch Mauerwerk aus gebrannten Ziegeln ermöglichte einen erheblichen Zuwachs an architektonischen Formen. Fassaden konnten durch Nischen, Einrückungen und nach innen und außen gewölbte Apsiden gegliedert werden, Räume ließen sich mit gegossenen, weitgespannten Tonnengewölben oder durch Kuppeln mit Durchmessern von über 40 m, wie etwa beim Pantheon in Rom, überdecken, Stützpfeilerkonstruktionen ermöglichten den Bau massiver Substruktionen von Hang-Architekturen

133 Erstellung eines Gußmauer-Kerns durch Holzverschalung. Rekonstruktion.

oder tälerüberquerender Aquädukte und Brücken, und die Guß- und Ziegeltechnik ermöglichte insgesamt ein bis dahin ungekanntes Hochbauverfahren.

Damit einher ging eine Revolution der sozialen Komponente des Bauwesens. Benötigte die griechische Quader- und Säulenarchitektur zahlreiche hochspezialisierte Handwerkstechniken und Gewerke für Bruch, Transport und Versatz der schweren Bauglieder, ließ sich mit Hilfe der neuen Techniken schnell ein großes Bauvolumen erzeugen, das zwar Organisatoren und Spezialisten – vor allem im Holzbau – erforderte, in der Hauptsache aber eine große Zahl sachlich nicht notwendigerweise kompetenter Hilfskräfte. So ließ sich Sklavenarbeit massenhaft im Bauwesen verwenden, aber auch unausgebildete Tagelöhner konnten in Transport, Zement- und Ziegelherstellung oder Holzbearbeitung beschäftigt werden, wie dies – als eine Art von Arbeitsbeschaffungsmaßnahme – im Baubetrieb der römischen Kaiserzeit immer wieder geschah.

135 Mit Tuffstein und Ziegeln verkleideter Gußzement-Kern in Pompeji.

Doch längst nicht alle römischen Bauten waren aus Stein, auch wenn die Steinbauweise immer wieder als ein wesentliches Kennzeichen einer Hochkultur angesehen wird. Und es waren längst nicht nur Architekten, die bei der Errichtung eines Gebäudes ein zentrale Rolle spielten. Eine ausgeprägte Zimmermannskunst (*materiatio*) und ein gerühmtes Ingenieurswesen gab es im antiken Rom, die beide auch und gerade in militärischem Kontext bedeutsam waren: Der Bau von Brücken und Belagerungsmaschinen, die Entwicklung widerstandsfähiger Palisadenreihen und wirksamer Verteidigungsgräben waren ebenso Aufgabe der römischen Baumeister.

134 Bau einer römischen Kuppel aus Gußzement über einer Holzeinschalung.

136 Blick auf die Ausgrabung eines der 1981/82 in Mainz am Mainufer entdeckten römischen Schiffe.

137 Im Hafen von Ostia wird Getreide von Seeschiffen auf kleinere Flußschiffe umgeladen. Wandmalerei aus Ostia. Rom, Vatikanische Museen.

Der Wirtschaftsverkehr im Römerreich

Mit der Ausdehnung des Reiches im 3. und 2. Jh. v. Chr. kam dem Warenaustausch stetig steigende Bedeutung zu. Italien wurde zunächst förmlich überschwemmt von Importen aus den Provinzen: Nicht nur Luxuswaren, sondern sogar Güter des alltäglichen Bedarfs wurden vermehrt von geschäftstüchtigen Händlern eingeführt und zu einer oft ruinösen Konkurrenz für die heimische Wirtschaft (s. S. 38ff.). Mit dem weiteren Anwachsen des Reiches änderten sich diese Strukturen jedoch grundlegend. Transport über größere Entfernungen war wegen der begrenzten Kapazitäten ein Faktor, der Waren enorm verteuerte. Am preiswertesten war der Transport mit Schiffen, die immerhin Raum für mehrere Tonnen Fracht boten. Jedes halbwegs schiffbare Gewässer wurde deshalb genutzt: nicht nur das Meer, sondern auch Seen und Flüsse. Abseits liegende Städte erschloß man bisweilen durch Stichkanäle, so daß auch im Binnenland liegende Orte über einen Hafen verfügen konnten, was bei archäologischen Ausgrabungen immer wieder überrascht. Die vor einigen Jahren in Mainz entdeckten, gut erhaltenen römischen Wracks geben einen Eindruck von der Bedeutung des Schiffsverkehrs auf dem Rhein, aber auch von der oft sehr einfachen Bauart dieser Fahrzeuge.

Der Transport über Land war demgegenüber außerordentlich teuer, denn die Kapazität eines von Ochsen gezogenen ein- oder zweiachsigen Wagens mit Scheibenrädern (*plaustrum*) war mit höchstens 500 kg gering und die Durchschnittsgeschwindigkeit mit kaum

10 km pro Tag sehr niedrig. Zwar war das römische Reich durch technisch hochstehende Straßen bestens erschlossen, doch diese Straßen dienten in erster Linie der Armee sowie der Nachrichtenübermittlung, für die fast das ganze Reich im Abstand von ca. 20 km mit Relais-Stationen für Briefübergaben und Pferdewechsel überzogen war.

138 Zweiachsige Wagen wurden meist von einem Ochsengespann, seltener von Pferden gezogen und waren ein langsames Transportmittel mit geringer Lastkapazität. Relief aus Maria Saal in Kärnten (Österreich).

So prägten sich innerhalb des römischen Reiches viele kleine Wirtschaftszonen aus, auf die das Gros des Warenverkehrs beschränkt blieb. Innerhalb dieser regionalen Wirtschaftsstrukturen bildeten die größeren Städte mit ihren Märkten die Umschlagplätze für Güter aller Art. Fernhandel, also ein Warenaustausch, der über diese regionalen Wirtschaftszonen hinausführte, war auf Luxusgüter oder auf Waren beschränkt, die nur an wenigen Orten erzeugt und von ihrem Gewicht und Volumen her problemlos transportabel waren. Zu solchen Waren zählte im 1. und 2. Jh. n. Chr. etwa die Terra Sigillata (**107**), ein Tafelgeschirr aus besonderem Ton, das in großen Manufakturen in einigen südgallischen Produktionsorten hergestellt und von dort aus über das ganze Reich verbreitet wurde. Auch das *garum*, eine pikant-würzige Fischsauce, die, in Pompeji und einigen anderen Städten unter üblen Gerüchen erzeugt, über fast jede Speise gegossen wurde, war ein solches in alle Regionen transportiertes Produkt. Der Monte Testaccio, ein riesiger Abfallhaufen aus antiken Amphorenscherben am Tiberufer in Rom, ist ein noch weitgehend unerschlossenes Dokument des römischen Handels. Aus den Scherben lassen sich Herkunftsort und Warenart der Güter ablesen, die über Jahrhunderte nach Rom importiert wurden.

139 Der 35 m hohe Scherbenberg (Monte Testaccio) am Tiberhafen in Rom ist ein noch weitgehend unerforschtes Dokument römisch-antiker Wirtschaft. Von republikanischer bis spätantiker Zeit wurden hier zerbrochene Amphoren deponiert, die oft Aufschluß über Herkunft und Art des einstigen Inhalts geben.

140 Bronzenes Visier-Instrument (*groma*) der römischen Feldmesser zum Ausmessen zweier sich rechtwinklig kreuzender Gelände-Achsen; in Pompeji gefunden. Neapel, Nationalmuseum.

Römische Landvermessung: Ingenieurskunst als Herrschaftsinstrument

Technologische Leistungen dienten den Römern nicht nur zur symbolischen Unterwerfung oder Überwindung der Natur durch die Architektur (s. S. 59ff.), sondern konnten auch ganz unmittelbar der Herrschaft über Land und Bevölkerung Ausdruck verleihen. Ein Beispiel hierfür ist die römische Landvermessung, die, von Rom als Zentrum ausgehend, das gesamte im Laufe der Zeit hinzugewonnene Gebiet überzog und es sofort mit in das Kataster integrierte. Entlang kilometerlanger, sich meist rechtwinklig kreuzender Achsen wurde das so durchmessene Terrain in regelmäßige Quadrate oder Rechtecke unterteilt, die wiederum als Gemarkungen durch Wege, Gräben oder Wälle gekennzeichnet wurden. Heerscharen von Landvermessern waren besonders in den Jahrzehnten von Caesar bis Trajan, als das Reich rapide wuchs, im Einsatz und demonstrierten mit ihrem *groma*, dem Vermessungsgerät, und der Meßlatte den Besiegten als Vorboten der nun kommenden Kultur die pragmatische Rationalität Roms im Umgang mit der Welt.

Wie präzise römische Landvermessung funktionierte und wie rigoros sie sich über natürliche Gegebenheiten hinwegsetzte, zeigt der Limes-Abschnitt zwischen Walldürn und Welzheim in Deutschland, der über 80 km in schnurgerader Linie Berge überquert und Täler durchzieht. Und wie gründlich innerhalb des Reiches das Gitternetz von den Landvermessern in die Landschaft gefräst wurde, belegen zahlreiche Luftaufnahmen, denn diese antike *centuriatio*, also die Ausmessung und Markierung des Landes in Blöcke von jeweils 100 Parzellen von je 50 ha entlang einem Achsenkreuz, dient vielfach noch heute als Flurgrenze.

141 Römische Flureinteilung in Quadrate von je 20 *actus* (ca. 690 x 690 m) in Istrien, die bis heute erhalten ist. Luftaufnahme.

Hintergrund dieser akribischen Landvermessung war das Bestreben, neuerobertes Land möglichst sofort in den Wirtschaftskreislauf und damit auch in die Steuererhebung und Verwaltung einzubeziehen. Seit immer größere Armeen aus nicht-grundbesitzenden Bevölkerungsschichten rekrutiert wurden und diese Soldaten nach ihrer Entlassung mit Land besoldet werden mußten, war eine geregelte Inbesitznahme und Verteilung von Staatsland an die Veteranen eine Notwendigkeit. Um nicht, wie etwa unter Marius und Sulla im 1. Jh. v. Chr. üblich, extra dafür enteignete Ländereien in Italien beanspruchen zu müssen (eine Vorgehensweise, die von den davon betroffenen Kreisen der römischen Aristokratie scharf kritisiert wurde), war eine umgehende Erschließung des Neulandes geboten. Das dramatische Ausmaß des Landbedarfs wird deutlich anhand der 34 Legionen des Augustus, die 41 v. Chr. in der Schlacht von Philippi gegen die Caesarmörder siegreich waren und bei ihrer Auflösung mit über 20 000 km^2 Land abgefunden werden mußten.

Vermessenes Land wurde in grundbuchähnlichen Katastern erfaßt und konnte nun exakt verteilt, aber ebenso exakt auch besteuert werden. Bei Orange in Südfrankreich sind Reste eines solchen Katasters gefunden worden. Doch waren nicht allein diese Verwaltungs- und fiskalischen Vorzüge der Grund für die römische Landvermessung. Auch die für die Besiegten demütigende, fast physisch spürbare Aneignung des Landes durch eine sich über alle Hindernisse hinwegsetzende Technik der Sieger, die den Vollzug des Besitzerwechsels für jeden deutlich erfahrbar werden ließ, war eine beabsichtigte Geste: Ingenieurskunst wurde zum Herrschaftsinstrument.

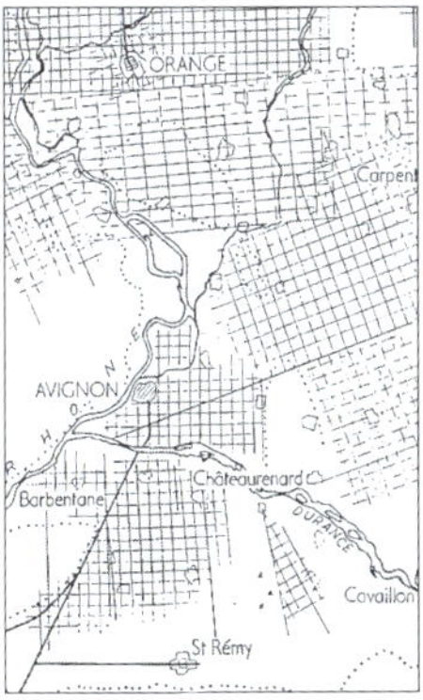

142 Rekonstruktion der römischen Flureinteilung in der Provence zwischen Avignon und Orange.

143 Römischer Landvermesser bei der Arbeit: In Trupps von zwei oder drei Mann wurde dem Reich einverleibtes Territorium rücksichtslos in großer Geschwindigkeit in das römische Kataster eingegliedert. Szene aus »Asterix und die Trabantenstadt«.

144 Noch heute in Funktion: der römische Leuchtturm von La Coruña an der spanischen Nordwest-Küste.

Neben Siedlungen und Städten sind es vor allem Infrastrukturbauten wie Wasserleitungen, Straßen und Brükken, die nicht nur als Manifestationen militärischer Eroberung und römischer Naturbeherrschungs-Ideologie betrachtet werden können (s. S. 59ff. und 96f.), sondern die heute auch als monumentale technische Baudenkmäler in großem Umfang erhalten sind. Gerade in den Provinzen prägen sie das Bild des römischen Reiches. Während Römerstraßen heute zwar noch zuhauf in ihrem Verlauf, nur selten aber in ihrem ursprünglichen Zustand erhalten sind, gibt es zahlreiche authentische antike Brükkenbauten und sogar Aquädukte, die noch in Funktion sind. Ihr Bau und Unterhalt war aber nicht nur eine technische Leistung, sondern ging mit komplizierten Rechts- und Verwaltungsakten einher. Überregionale Straßen und Wasserleitungen mußten über öffentlichen Grund verlaufen, was staatlichen Grunderwerb und bisweilen Enteignungen nötig machte. Oft entstanden Fernstraßen und Aquädukte auf Initiative und – mindestens zum Teil – als Stiftungen auf Kosten vermögender Magistrate oder ihrer Sippen: Hierauf verweisen Straßennamen wie Via Appia, Via Aemilia, Via Flavia ebenso wie die Benennungen der stadtrömischen Wasserleitungen als Aqua Marcia, Aqua Julia oder Aqua Augusta.

Für den späteren Unterhalt sorgten Beamte, die gemäß verschiedener Gesetze von den Nutzern Abgaben erhoben oder auf gesonderte kommunale Gelder zurückgreifen konnten. Innerorts verzweigten sich die öffentlichen Straßen mit reinen Privatwegen; das Wasser führte in unterirdischen Leitungen zu Brunnen und Verteilstationen, die sich an fast jeder Straßenecke fanden und die die Schnittstellen zwischen öffentlicher und privater Verantwortung markierten. Illegal, aber üblich war das Anzapfen der bis zu 100 km langen Aquädukte zur landwirtschaftlichen Bewässerung, neben

145 Noch heute in Funktion: die römische Brücke über den Tagus bei Alcantara in West-Spanien. Der Keilsteinbogen mit seiner perfekten Druckableitung ermöglichte es, Brücken mit relativ großen Spannweiten zu bauen.

den zahlreichen Beschädigungen einer der Gründe für den immer wieder beklagten Wasserschwund. Der römische Beamte Frontinus, unter Trajan in Rom für den Unterhalt der Wasserleitungen zuständig, schrieb hierüber in seinem Buch *de aquis urbis Roma*, das eine Fülle von Rechts- und Verwaltungsdetails über das Wasserwesen im kaiserzeitlichen Rom überliefert: »Die Aqua Claudia ist besonderen Beeinträchtigungen ausgesetzt. Sie fördert nicht mehr als 114 200 m^3 nach Rom, obschon ihre Quelle 184 280 m^3 ergibt, ein Schwund von 70 080 m^3 pro Tag also.« Die angedrohten Strafen waren drastisch. »Jeder soll zu 100 000 Sesterzen Strafe verurteilt werden, der Kanäle, Leitungsrinnen, Gewölbegänge, Blei- und Tonrohrleitungen, Becken und Brunnen aufbohrt und durchbricht ...« (Gesetz des Konsuls Crispinus von 9 v. Chr., überliefert bei Frontinus).

Für den Bau von raumgreifenden Brücken und Wasserleitungen bildete die Zementgußtechnik

146 Noch heute in Funktion: Der Aquädukt von Tarragona in Spanien überbrückt ein 200 m breites Tal. Die Wasserleitung wurde im 18. Jh. saniert.

147 Querschnitt durch die Fundamentierung einer römischen Straße.

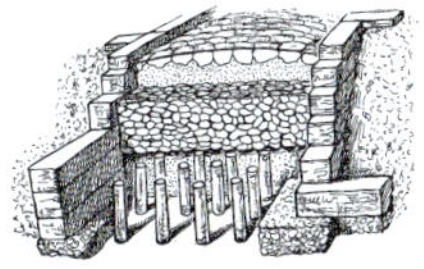

(s. S. 96f.) eine notwendige, aber nicht die einzige Voraussetzung, denn jenseits dieses konstruktiven Aspekts waren aufwendige Berechnungen und Nivellierverfahren für das Gefälle der Wasserleitungen, das z. T. nur 1 m auf 5 km betrug, genauso nötig wie die souveräne Beherrschung des Prinzips der Druckleitung, mit deren Hilfe sogar 100 m hohe Steilanstiege überwunden werden konnten. Die Brücken über Gebirgsschluchten erforderten erhebliches Geschick der Handwerker, aber auch handfeste Ingenieurserfahrungen, um einen späteren Einsturz zu vermeiden. Flußbrücken auf sumpfigem Gelände machten ausgeklügelte Grundierungen ebenso nötig wie erprobte Druckableitungsverfahren, die noch nicht auf exakte statische Berechnungen zurückgreifen konnten. Die römische Straßenbautechnik schließlich hatte fast modernen Standard: Die in der Regel zwischen 7 und 10 m breiten Trassen wurden ausgekoffert, durch gestampfte, z. T. vermörtelte Steinschichtungen gegründet und schließlich mit feinem Kies oder Pflaster belegt. Ihr Profil war leicht gewölbt, so daß Wasser in die beiden Gräben abfließen konnte, die beim Aushub der Trasse entstanden.

202 Edikt des Septimius Severus, demzufolge es erlaubt wird, Christ zu sein, aber verboten ist, Christ zu werden.
203 Bogen des Septimius Severus auf dem Forum Romanum.
212–216 Bau der Caracalla-Thermen in Rom.
242 In Persien verkündet Mani seine Religion (Manichäismus).
247 Tausendjahr-Feier Roms.
257/258 Christenverfolgungen.
260 Edikt des Gallienus; das Christentum wird zur erlaubten Religion.
271 Bau der Verteidigungsmauer um Rom (Aurelianische Mauer).
297 Edikt gegen die Manichäer.
301 Münzreform und Höchstpreis-Edikt des Diokletian.
305 Diokletian tritt zurück; Alterssitz wird der Palast in Split.
315 Beginn des Arianischen Streits (Theologenstreit zwischen Athanasios und Arius).
374–397 Ambrosius Bischof von Mailand.
ca. 375/380 Auferstehungskirche in Jerusalem erbaut.
386, 391/392 Edikte zur Plünderung heidnischer Tempel.
393 Letzte Olympische Spiele des Altertums.
453 Tod Attilas.
500 Theoderich in Rom.
622 Beginn der islamischen Zeitrechnung; Muhammad siedelt nach Medina über.
800 Krönung Karls I. des Großen in Aachen.

Die Krise des römischen Reiches im 3. Jh. n. Chr.

Seit dem 18. Jh. findet sich bei vielen modernen Historikern eine negative Sicht des 3. Jh.: Während das Reich bis zur Zeit des Septimius Severus durch Prosperität und Stabilität in allen politischen, sozialen und ökonomischen Bereichen geprägt sei, so beginne nun der unaufhaltsame Abstieg. Tatsächlich lassen viele archäologische Indizien und Aussagen der antiken Literatur auf eine Epoche des Zusammenbruchs schließen, die offenbar auch von den Zeitgenossen als Krise verstanden wurde. Politische, militärische und ökonomische Probleme sind zu einem unübersichtlichen Gemenge verworren, bei dem im Detail auch heute unklar bleibt, welche Phänomene als Ursachen und welche als Folgen dieser Krise aufzufassen sind.

Ein Kernproblem war der Zusammenbruch der Reichsgrenzen. Vor allem im Norden und Osten kam es im 3. Jh. zu ersten großen Völkerwanderungen: Übervölkerung und Mißernten in Nord- und Osteuropa erzwangen die Auswanderung ganzer Stämme, was zu einem lawinenartig anwachsenden Umsiedlungsprozeß führte, der meist mit Krieg und Blutvergießen einherging. Die Heruler etwa, die, aus Skandinavien vertrieben, in den 60er Jahren des 2. Jh. tief ins Reich eindrangen, hinterließen quer durch Griechenland eine Spur der Verwüstung. Trotz immer weiter ausgebauter Grenzsicherungen (s. S. 90ff.) erwies sich die Idee eines starren Bollwerks als Illusion. Demütigende Niederlagen wurden nun trotz immenser Militäranstrengungen immer zahlreicher: Große Gebiete gingen verloren; als erster römischer Kaiser fiel Decius in der Schlacht bei Abritus 251; Kaiser Valerian geriet 260 in persische Gefangenschaft, wo er kurz darauf starb; unter Aurelian wurde zwischen 270 und 275 die eigentlich weit von den Kriegsschau-

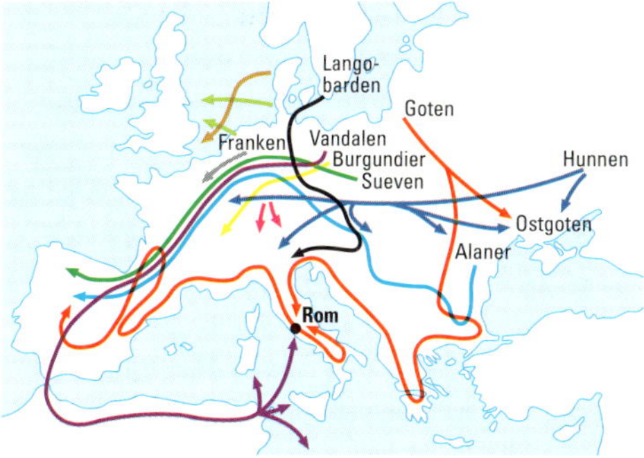

148 Die Völkerwanderungen des 3.–5. Jh. n. Chr.: wichtige Wanderungsbewegungen einzelner Volksgruppen.

plätzen entfernte Stadt Rom mit einer riesigen Verteidigungsmauer umzogen – aus psychologischer Sicht für die Bewohner der Stadt ein traumatisches Ereignis.

Eng mit diesen militärischen Problemen verknüpft war ein Zusammenbruch der politischen Strukturen. Immer neue Feldherren wurden von ihren Legionen zu Regenten erhoben und mußten sich gegen vorrückende Feindesheere, aber auch gegen zahlreiche ›Gegenkaiser‹ zur Wehr setzen. Der Senat in Rom, der jeden Kaiser formell anerkennen mußte, hatte bald die Übersicht und damit auch jeden Einfluß auf die 22 Thronanwärter verloren, die zwischen 235, dem Ende der Severerdynastie, und 284 n. Chr. teils allein, teils mit-, teils gegeneinander regierten. Einzelne Usurpatoren proklamierten unabhängige Königreiche auf an sich römischem Staatsgebiet und vervollständigten das anarchische Szenario.

Daß diese Konstellation Folgen für die Administration und die ökonomische und soziale Situation im Reich haben mußte, leuchtet ein. Der immer weiter wachsende Militärapparat verschlang Unsummen, während der Wirtschaftskreislauf zum Erliegen kam. Tonnenweise billig gemachtes Notgeld wurde für Soldzahlungen geprägt.
Eine galoppierende Inflation zog die Flucht aus der Geldwirtschaft nach sich. Im Gegenzug trieben Staat und Verwaltung mit Druck und einer

149 Kaiser Galerius besiegt die Perser, die sich ihm schutzflehend ergeben. Relief auf einem Goldmedaillon. Berlin, Staatliche Museen, Münzkabinett.

150 Septimius Severus mit Ehefrau und seinen beiden Söhnen. Mit Familiendarstellungen wie auf diesem in Ägypten gefundenen Tafelbild versuchte der Kaiser, eine neue Dynastie zu propagieren. Sein jüngerer Sohn Geta wurde vom Bild entfernt, nachdem er von seinem älteren Bruder Caracalla als Konkurrent um den Thron ermordet und der *damnatio memoriae*, der Ächtung des Andenkens (s. S. 42), verfallen war. Berlin, Antikenmuseum.

151 Die ab 271 n. Chr. unter Kaiser Aurelian errichtete Verteidigungsmauer um Rom war 19 km lang und bis zu 20 m hoch. Selbst dieses Bollwerk konnte nicht verhindern, daß Rom im 4. und 5. Jh. mehrfach eingenommen wurde.

Vielzahl neuer Gesetze Steuern ein, was zu Fluchtreaktionen der Vermögenden und damit zum Kollaps kommunaler Infrastrukturen führte (s. S. 113ff.).

Jedoch wurde diese ›Rezessionsphase‹ des auf dauerhafte Expansion gegründeten Reiches keineswegs durchweg nur als Krise gesehen. Auch wenn sich den ökonomischen und sozialen Folgen kaum ein Bewohner des Reiches entziehen konnte, so begannen in dieser Zeit doch Veränderungen etablierter Strukturen, die zukunftsweisend waren und die für viele Bewohner gänzlich neue Möglichkeiten eröffneten. Seit mit Septimius Severus 193 ein Afrikaner den Thron bestiegen hatte und seit 212 durch Gesetz Bürgerrechtsgleichheit im ganzen Reich hergestellt war, ging die dominierende Stellung Italiens in dem Maße verloren, wie es zu einer Aufwertung der Randregionen kam. Von den ›Soldatenkaisern‹ des 3. Jh. kamen die meisten aus den Provinzen. Nicht nur der Senat in Rom verlor seinen politischen Einfluß, auch die Sonderstellung der stadtrömischen Aristokratie war kein Garant mehr für höchste gesellschaftliche Positionen. Der Rang in der Armee oder das Geldvermögen einzelner Clans wurden als Indikatoren für das Sozialprestige, aber auch für den politischen Einfluß bedeutsamer als die bloße Zugehörigkeit zu einer der alten römisch-italischen Sippen. Die meisten Klagen über den Zustand des Reiches entstammen diesen Kreisen, deren Vorherrschaft in jenen Jahren verloren ging. Vielen weniger wohlhabenden Leuten dürfte die Umbruchsituation sogar erheblichen Bewegungsspielraum für neue Aktivitäten geboten haben.

Lösungsversuche: Das römische Reich als Reformobjekt

Als am 17. November 283 der illyrische Feldherr Diokletian nach der Ermordung des Kaisers Numerian von seinen Truppen in Bithynien auf den Thron gehoben wurde und wenig später den zeitgleich mit ihm in Gallien von anderen Truppen ebenfalls zum Kaiser proklamierten General Carinus aus dem Felde schlug, war der Weg frei für eine 20jährige Reformphase, die einerseits eine grundlegende Restaurierung und Stabilisierung des Reiches zur Folge hatte, zugleich aber auch eine neue Ära des Kaisertums eröffnete.

Die vordringlichste Aufgabe bestand in einer dauerhaften Sicherung des Reichsgebietes und in einer Stabilisierung der Herrschaftsstrukturen. Zu diesem Zweck entstand unter Diokletian eine völlig neue Regierungsform, bei der zunächst zwei, bald darauf vier Kaiser mit jeweils genau abgegrenzten Kompetenzen, Aktionsgebieten und mit einer klaren Hierarchie untereinander tätig wurden. Diokletian war als Augustus mit dem höchsten Gott Jupiter gleichgesetzt, Maximian war ebenfalls Augustus, aber mit minderen Kompetenzen, was seine Gleichsetzung mit dem in der Götterhierarchie zweitrangigen Hercules sinnfällig machte. Galerius und Constantius agierten als jeweils einem Augustus beigeordnete ›Juniorpartner‹ im Range eines Caesars. Diese Tetrarchie (»Viererherrschaft«) sah einen turnusmäßigen Abtritt der Augusti und ein Nachrücken der Caesares an die Stelle der Augusti vor, wodurch Regierungskontinuität gewährleistet werden sollte.

152 Die Palast-Aula in Trier wurde unter Constantin im frühen 4. Jh. errichtet, als Trier Hauptstadt der nordwestlichen Reichsteils war. Der Bau war Teil einer Palastanlage und Ort des offiziellen Hofzeremoniells.

Diese neue Herrschaftsform sollte zwar ihren Begründer Diokletian kaum überleben, führte aber zu militärischen Erfolgen an allen bedrohten Grenzen und zur Wiederherstellung eines

153 Die römische Armee berennt eine befestigte Stadt. Ausschnitt aus einem anonymen französischen Kupferstich des 17. Jh.

Strukturen und Organisationsformen der römischen Armee waren von der frühen Republik bis in die Spätantike erheblichem Wandel ausgesetzt. Von Beginn an war die republikanische Staatsordnung eng mit der Heeresverfassung verbunden (s. S. 30ff.), deren Kern eine Wehrpflicht aller Freien war, gestaffelt nach Stand und Vermögen. Truppen wurden bei Bedarf formiert; die Außerdienststellung der Veteranen mußte unmittelbar nach Ende einer Militäraktion erfolgen und war mit einer Gegenleistung, meist der Überlassung von Ackerland in einer neugegründeten *colonia*, verbunden. Das Prinzip eines Milizheeres aus wehrpflichtigen Bürgern galt de jure bis in die Spätantike, zerbrach aber faktisch im 1. Jh. v. Chr., als sich das Heer zu einer Berufsarmee wandelte, die kaum mehr dem Staat, sondern vielmehr dem Feldherrn unterstand. Der gewaltige Gebietszuwachs im 1. Jh. n. Chr. machte dann ein stehendes Heer erforderlich, das in den Grenzprovinzen stationiert war. Rekrutiert wurde es zunehmend über Aushebungen und Freiwilligenwerbung. Die Krise des 3. Jh. n. Chr. schließlich erzwang weitere Änderungen: Eine aufwendige Heereslogistik mit stehenden und mobilen Truppenteilen sowie einer Einsatzreserve entstand.

Als Legion verstand man in der Frühzeit das Gesamtaufgebot, das in Schlachtreihen kämpfte, später dann einen disponiblen Truppenteil von 5000 oder 6000 Mann, der in kleinere Einheiten untergliedert war (zuerst in Manipel, später in 10 Kohorten aus 6 Centurien mit 80 oder 100 Mann). Der Legionskommandeur war oft kein Soldat, sondern ein Beamter, in der Zeit der Republik einer der Konsuln. Ihm stand als erfahrener Praktiker ein Legions-

154 Die römische Armee nimmt Rache: Hinrichtung von Besiegten nach der Schlacht. Szene vom Spiral-Relief der Markus-Säule (180 n. Chr.) in Rom, auf dem die Verteidigungsschlachten Mark Aurels gegen die eindringenden Markomannen geschildert sind.

155 Das Ende einer kleinen Militärkarriere: Der Legionär Genialis war, wie sein Grabstein bezeugt, Träger des Kaiserbildnisses in der 7. Raeter-Kohorte und starb mit 35 Jahren.

präfekt für Verwaltung, Organisation und Pionierarbeiten zur Seite, der oft auch den militärischen Einsatz kommandierte, ihn aber nicht verantwortete. Die Legionen hatten eigene Namen, die in offiziellen Dokumenten, aber auch als Stempel für Baumaterialien der Kastelle Verwendung fanden und mit deren Hilfe man heute einen guten Überblick über Standorte und Bewegungen einzelner Truppenteile gewonnen hat.

Über die Gesamtgröße der römischen Armee macht man sich oft übertriebene Vorstellungen. Im 1. und 2. Jh. n. Chr. existierten insgesamt 28 Legionen, also kaum 170 000 Mann (zum Vergleich: Die Deutsche Bundeswehr bestand 1996 aus ca. 260 000 Mann). Von Krisensituationen abgesehen, durften nicht mehr als zwei Legionen in einer Provinz stationiert sein. Für die Besetzung Britanniens 43 n. Chr. reichten vier Legionen aus. In Zeiten der militärischen Bedrängnis konnte die Zahl der Legionen aber rapide ansteigen: So dienten unter Diokletian über 60 Legionen. Die Bereithaltung eines überdimensionierten Militärapparates war zudem eine probate sozialpolitische Maßnahme, die vielen ansonsten Mittellosen Lohn verschaffte, bildete zugleich aber mitunter eine Gefahr, denn unzufriedenes Militär war auch im antiken Rom ein zum Putsch bereiter ›Staat im Staat‹.

Den Infanterie-Legionen angegliedert waren Hilfstruppen: Spezialeinheiten wie z. B. Reiterei oder Bogenschützen, die in der Frühzeit von den Verbündeten Roms gestellt, später dann in den Militärverbund eingegliedert und meist aus Söldnern der Provinzen rekrutiert wurden. Diese Auxiliar-Einheiten agierten mit 500 Mann Sollstärke. Ihre Gesamtzahl schwankte, erreichte insgesamt aber wohl mindestens noch einmal die Kopfzahl der Legionäre.

156 Das Werkzeug römischer Soldaten wurde meist in eigenen Produktionsstätten hergestellt. Rekonstruierte Militärwerkzeuge in der Saalburg.

157 Goldmünzen wie diese im Wert von fünf Aurei (= 500 Sesterzen, mit einem Portrait des Constantius) waren geeignet, auch in vermögenden Kreisen wieder Vertrauen in die Währung zu schaffen. Die Münzreform hob den Goldgehalt des Aureus von 1/70 auf 1/60 römische Pfund (= 5,46 g) an.

158 Symbol einer Regierungsform: die Tetrarchie unter Diokletian als bildlich gestaltete Eintracht von vier Kaisern. Venedig, Markusdom.

homogenen Staatsgebietes. Eine Folge war die Teilung des Reiches in vier Zuständigkeitszonen, die zu drei zusätzlichen Hauptstädten (Mailand, Trier, Thessaloniki) und insgesamt zu einer Rom und Italien abwertenden Dezentralisierung führte. Diese Abwertung fand ihren deutlichen Ausdruck auch darin, daß Diokletian in 20 Jahren Regentschaft nur einmal für wenige Wochen in Rom weilte, ferner im Verlust des Privilegs der Steuerfreiheit für Italien (das sogar selbst in Provinzen zerteilt wurde). Höhepunkt dieses Prozesses war dann der Staatsakt, mit dem Kaiser Constantin am 11. Mai 330 die Hauptstadt nach Byzanz (damals *Nea Roma*, das »Neue Rom« genannt) verlegte. Insgesamt erwies sich diese Dezentralisierung als geeignete Maßnahme, die zentrifugalen Kräfte gegenläufiger religiöser Vorstellungen und ethnischer Eigenheiten in einem Reich zu kompensieren, das längst ein Vielvölkerstaat geworden und im konventionellen Sinne nicht mehr ›römisch‹ war.

Die Regentschaft dieser Tetrarchie war durch zahlreiche innere Reformen geprägt, die eine Restauration auf allen politisch-administrativen, ökonomischen, militärischen und sozialen Problemfeldern versuchten. Bestandteil der Grenzsicherung war eine Heeresreform. Mit der Provinz- und Gebietsreform (s. S. 88ff.) ging eine Verwaltungsreform einher, die durch eine modern anmutende Bürokratie die fast lückenlose Administration des Reiches gewährleistete und auch die Umsetzung einer Steuerreform mittels neuer Strafgesetze, Kontrollsysteme sowie einer Kollektivhaftung garantierte. Nicht mehr nur Grundbesitz wurde besteuert, sondern auch Vieh und Personen. Das inflationäre Geldsystem wurde durch eine Währungsreform wieder auf eine kalkulierbare Grundlage gestellt, wobei auch die Wertverhältnisse der Münzmetalle zugunsten der Edelmetalle geändert wurden: für die Münzreform ein nötiger Schritt, der aber alles in Umlauf befindliche Edelmetall im Wert anhob und somit eine nominelle Kaufkraftvermehrung mit sich brachte. Um keinen unkontrollierbaren Preisschub auszulösen, wurden mittels eines im ganzen Reich verbreiteten Edikts Preisobergrenzen verfügt. Inschriften und Papyri überliefern über 1400 Preise und geben wertvolle Aufschlüsse über Angebot und Preisrelationen von Waren und Dienstleistungen.

Gegenstand von Reformen war schließlich das Hofzeremoniell. In akribischen Regeln wurden Kleiderordnungen und Umgangsformen festgelegt. Der Kaiser war fortan mit der Formel *dominus et deus* (Herr und Gott) zu titulieren. Das statisch-förmliche Repräsentationsgefüge, das sich als eine schematistische ›Erstarrung‹ auch in der Bildwelt dieser Zeit wiederfindet, nimmt in diesem Übergang vom Prinzipat der ersten beiden Jahrhunderte (mit dem *princeps* Augustus als Leitfigur) zum feudalistischen Dominat ebenso seinen Anfang wie die immer weitere Entrückung politisch-administrativer Hofbeamter von der realen Lebenssphäre des Volkes.

159
Spätantikes Hofzeremoniell: Die Silberplatte aus Madrid (Akademie) zeigt Theodosius I. (Mitte) zusammen mit seinen beiden Prinzen (rechts und links sitzend) bei den zehnjährigen Thronjubiläen des Jahres 388. Die Hierarchie wird durch die Größenstaffelung der Personen visualisiert. Das von einem Nimbus umrahmte ›Portrait‹ des Theodosius ist formelhaft-abstrakt gestaltet.

Die Spätantike: Moderner Begriff oder historische Epoche?

Wenn fast alle modernen Darstellungen der Spätantike entweder mit der Teilung des römischen Reiches (395), dem Untergang des weströmischen Reiches (476) oder mit dem Tode Justinians (565) schließen, folgen sie damit einer Konvention neuzeitlicher Geschichtsbetrachtung. Immer wieder ist die Zeit zwischen Diokletian und Justinian (**161**) als eine eigene Epoche verstanden worden, die in einer morphologischen Sicht entweder als ›Verfall‹ des einstmals in ›Blüte‹ stehenden Altertums oder aber als ›Keim‹ eines romanisch-germanischen und byzantinischen Mittelalters gewertet wurde – eine Vorstellung,

160 Spätantikes Hofzeremoniell: Der Konsul Aerobindus 506 bei der Ausrichtung von Circus-Spielen. Solche Elfenbeintafeln wurden als Erinnerungsstücke hergestellt. Zürich, Landesmuseum.

die letztlich auf Edward Gibbons »History of the Decline and Fall of the Roman Empire« von 1776 zurückgeht. Wenn Oswald Spengler 1923 in »Der Untergang des Abendlandes« diese Spätantike in das Zentrum einer Kulturgeschichte des 1. Jt. stellte, so prägte er zwar von der Wertung her ein gegenteiliges Bild, doch auch seine Sicht zerschneidet Geschichte mit Hilfe fiktiver Zäsuren in Epochen.

Keinem damaligen Zeitgenossen hätte aber die Idee eingeleuchtet, er lebe in einer »Spätantike« oder seine momentane Gegenwart sei eine »Zwischenzeit«, ein Übergang von einer »Antike« zu einem »Mittelalter«. In einer Blütezeit dürfte er sich allerdings ebenfalls wohl nicht gewähnt haben. Auch wenn in jenen Jahrhunderten immer wieder die eigene Welt als dekadent und damit als kurz vor dem Zusammenbruch stehend empfunden wurde (was vor allem im 19. Jh. dann eine breite Wirkung entfaltet hat, s. S. 156f.), so ist dennoch gewiß, daß diese Spätantike insgesamt kein ›Ende der Antike‹ und auch kein ›Übergang‹ zu einem Mittelalter war, sondern nichts als ein fließender Prozeß allmählichen Wandels, wie er im Kontinuum der Geschichte immer präsent ist – ein Prozeß, der sich hinsichtlich seiner Folgen durchaus anders definieren läßt als mit Hilfe künstlicher Epochengrenzen. Dieses Periodenmodell mag für den Historiker einen gewissen praktischen Charme haben. Man sollte sich seines Konstrukt-Charakters aber bewußt bleiben. Dies Problem betrifft zwar generell die gesamte Einteilung von Geschichte in Epochen, ist an diesem historischen Punkt aber besonders prekär, weil mit dem Begriff »Spätantike« immer wieder eine Abgeschlossenheit der Antike suggeriert wird, die es in diesem Sinne nicht gegeben hat.

161 Spätantikes Hofzeremoniell: Kaiser Justinian und sein Gefolge. Mosaik aus dem Chor von San Vitale in Ravenna. Mitte 6. Jh. n. Chr.

Munera und Stadtflucht: Das spätantike Domänenwesen als Weltbild

War die römisch-kaiserzeitliche Kultur der ersten zwei nachchristlichen Jahrhunderte weitgehend städtisch geprägt, so zogen sich zu Beginn des 3. Jh. n. Chr. die begüterten Familien immer öfter aus den Städten zurück und bauten ihre entlegenen Domänen und Gutsbetriebe zu prunkvollen Residenzen aus. Ob dies nun eine Ursache oder eine Folge der Krise dieser Jahrzehnte war, ist kaum von Bedeutung: Tatsache ist, daß diese Stadtflucht der Reichen ihren Grund in der immer restriktiver werdenden Fiskalpolitik des Staates hatte, und Tatsache ist zugleich, daß diese Fiskalpolitik durch die Flucht der vermögenden Schichten in gleichem Maße, in dem man sich ihr entzog, immer restriktiver werden mußte. Denn seit die territoriale Expansion des römischen Reiches zum Stillstand gekommen war und keine neuen Ressourcen mehr zur Ausbeutung zur Verfügung standen, war kaum mehr der Unterhalt des Militärs aus den traditionellen Staatseinnahmen bezahlbar.

Konkreter Grund für den Rückzug aus der Stadt waren die *munera*: einst öffentliche Ehrenämter des Dekurionen-Ordens (s. S. 76), doch in dieser Zeit längst schon regelrechte Zwangsämter, denen man sich, solange man in der Stadt wohnte, nicht entziehen konnte und die leicht den finanziellen Ruin zur Folge haben konnten. Verschiedene Gesetzestexte listen die zu übernehmenden und zu finanzierenden öffentlichen Belange penibel auf, unter anderem alle Verwaltungs-

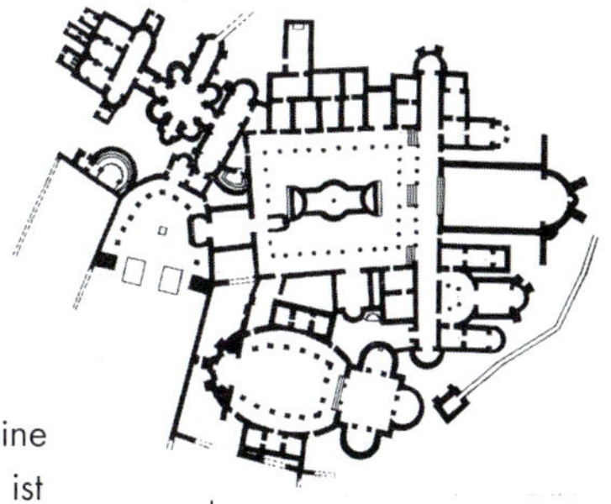

162 Die Villa von Piazza Armerina, im abgeschiedensten Teil Siziliens um 300 n. Chr. erbaut, war eine Domäne mit allem Komfort und Luxus. Rekonstruierter Grundriß.

163 Fußbodenmosaik aus der Villa von Piazza Armerina: Fremdartige Tiere werden auf einer Expedition nach Afrika für den häuslichen Schmuck oder für Circus-Spiele gefangen. Um 300 n. Chr.

284 – 565 n. Chr.

164
Silberner Vorlegeteller eines Prunkservices, bei Augst nahe Basel gefunden. Die Mitte des Tellers ziert das Bild einer Domäne, davor ihre Naturalien. Teilvergoldete Reliefierung, 4. Jh. n. Chr. Augst, Römermuseum.

ämter, die Veranstaltung der Gladiatoren- und Theaterspiele, die Versorgung der Armen mit Getreide, die Instandhaltung von Wasserleitungen, Brunnen, Straßen, Brücken und Stadtmauern, der Betrieb der Thermen, die Übernahme von Pflegschaften und der laufende Ausgleich der öffentlichen Schulden. Und genau geregelt war auch, wer zu den *munera* herangezogen wurde. Der Jurist Ulpianus vermerkte am Beginn des 3. Jh.: »Der Statthalter hat darauf zu achten, daß die Dienste und Ehrenämter in den Städten gleichmäßig nach Alter und Rang ... zugeteilt werden.« Und der Codex Theodosianus aus dem 4. Jh. konkretisierte: »Söhne ... müssen die Ämter ihrer Väter übernehmen.«

Die Flucht aus der Stadt war für die wohlhabenderen Kreise der einzige legale Weg, diesen Zwangsabgaben zu entgehen. Da aber so die Mittel für die öffentlichen Belange der Städte immer geringer wurden und am Ende die gesamte Infrastruktur gefährdet war, wurde dieser Weg gesetzlich unterbunden. Der Codex Theodosianus vermerkte: »Wenn Angehörige irgendeines *collegiums* in andere Gebiete abgewandert sind, sollen sie zur Rückkehr gezwungen werden, um die Dienstpflichten weiter zu erfüllen.« So sollte per Dekret, das am Ende sogar einen Wechsel des Berufes verbot, eine ganze Gesellschaft gezwungen werden, den einmal vorhandenen Status quo auf unabsehbare Zeit fortzuschreiben: ein realitätsfernes Dogma, das unterlaufen wurde, wann immer es ging.

Fernab der Städte, auf den Domänen mit ihren luxuriösen Villenbauten und ertragreichen

165 Das Mosaik aus der Villa des Dominus Julius zeigt in fast programmhafter Deutlichkeit die Domäne als Mittelpunkt der Welt und den ländlichen Betrieb darum herum. 4. Jh. n. Chr. Tunis, Bardo-Museum.

Gutsbetrieben, lebte es sich dagegen bequem und unbehelligt. Die palastartigen Gebäude waren, wie etwa die entlegene Villa bei Piazza Armerina auf Sizilien (**162**, **163**), mit allem erdenklichen Komfort ausgestattet: Mosaiken, Wandmalereien, Heizungen, kostbarer Hausrat, verschiedene Bäder und Toiletten, Küchen- und Diensttrakte, Privat- und Audienzräume bildeten den Kern einer solchen Villa, in die weitläufige Gartenanlagen integriert waren. Der Gutsbetrieb, der eigentliche ökonomische Kern der Domäne, lag mit seinem Lärm und Gestank dagegen meist abseits.

Der Rückzug auf die Domäne wurde im späten 3. Jh. unabhängig von den geschilderten Hintergründen zu einem regelrechten ›Lifestyle‹: Silbergerät, Mosaiken und Malereien zeigen mannigfach Visualisierungen dieses Lebens, indem die verschiedensten Wirtschafts- und Repräsentationsaspekte des Domänenwesens in piktogrammhaften Bildexzerpten als ein umfassender Lebensentwurf vor Augen geführt werden.

166 Silberner Toilettenkasten der Proiecta mit z. T vergoldeten Reliefs. Die kunstvollen Bilder des Kastens und des Deckels zeigen ein festliches Hochzeitszeremoniell mit Proiecta im Mittelpunkt. Der Schmuck des Gegenstands verweist mithin auf dessen Funktion in der Lebenswelt der spätantiken Oberschicht. 4. Jh. n. Chr. London, British Museum.

Rom und die Christen

Wohl an keinem Punkt ist die römische Antike aus heutiger Sicht klischeebesetzter als in der Beziehung der christlichen Religion zum heidnischen Staat, und wohl auch an keinem Punkt führen Versuche einer rationalen Objektivierung in so prekäre Verwicklungen mit gegenwärtigen Normen und Leitvorstellungen. Die seit dem 3. Jh. n. Chr. schier uferlose antik-christliche Literatur ist angefüllt mit Geschichten vom repressiven Staatsapparat, der mildtätige, friedliebende, aufopferungsvolle Christen verfolgt, hinrichtet oder auf verschiedene andere Weisen zu Märtyrern werden läßt. Und auch die heidnische Überlieferung berichtet von pogromartigen Christenverfolgungen, besonders im 3. Jh. n. Chr., aber auch schon

167 Christus als Weltenherrscher im Prunkgewand. Bilder wie dieses manifestierten den religiösen und weltlichen Absolutheitsanspruch des Christentums. Apsismosaik aus einer zu der Kirche Santi Cosma e Damiano umgewandelten heidnischen Bibliothek beim Forum Romanum. Um 530 n. Chr.

zu Zeiten eines Nero oder Domitian. Doch was eigentlich war der Kern des Problems in dem Verhältnis zwischen Christen und antik-römischem Staat, bei dem die Opfer- und Täterrolle heute unumstößlich verteilt scheint?

Bei Entstehung der ersten Sekten im Hinterland der Levanteküste wohl im 1. Jh. v. Chr. war dieses hellenistische ›Urchristentum‹ zunächst eine von vielen Strömungen, die mit Ausdehnung des römischen Reiches nach Süden und Osten das Spektrum römischer Religionen bereicherten (s. S. 20ff.). Während polytheistische Religionen, so unterschiedlich sie im Kern auch sein mochten, miteinander aber problemlos koexistieren und sich sogar verschmelzen konnten, verhielt sich dies mit monotheistischen, hermetisch geschlossenen und alle anderen Religionsvarianten rigoros ablehnenden Glaubenskonzeptionen anders. Nicht nur diese offensive Negierung aller anderen antiken Religionen bei gleichzeitiger Propagierung einer alleinigen Wahrheit war der Grund für Ressentiments des Staates gegenüber diesem Christentum. Hinzu kamen die eskapistischen Tendenzen der christlichen Religion: Die Idee eines irdischen Jammertals und eines himmlischen Paradieses nach dem Tode relativierte bei den Gläubigen das Verhältnis zur Gegenwart beträchtlich. Eine so motivierte Abkehr von den gesellschaftlichen Verpflichtungen mit ihren politischen, sozialen und ökonomischen Hierarchien und Funktionsmechanismen bedeutete für Herrschende aller Zeiten immer eine ganz massive Bedrohung und führte zu Gegenreaktionen, wie dies etwa auch die Unterdrückung der ähnlich strukturierten orphisch-pythagoräischen Religionsvorstellungen im antiken Griechenland

168 Taufraum einer ›Hauskirche‹ in Dura Europos am Euphrat. Rekonstruktion; ca. 250 n. Chr. New Haven, Yale Gallery.

oder, in der Spätantike, die Verfolgung der Manichäer zeigt.

Von Palästina und Ägypten breitete sich das Christentum über Kleinasien und Griechenland in die westlichen Reichsteile aus. Daß dies im 1. und 2. Jh. n. Chr. nur Dank der stabilen inneren Verhältnisse des Reiches geschehen konnte, war den Zeitgenossen durchaus bewußt. Im 3. Jh. n. Chr. wurde das Christentum zu einer Massenerscheinung, doch erst als Kaiser Constantin auf dem Konzil von Nicaea 325 n. Chr. das Christentum faktisch in den Rang der offiziellen Staatsreligion erhob, bildete sich eine hierarchisch strukturierte, auch den Staat durchziehende Organisation. Die Religion wurde nun vereinheitlicht und kodifiziert, was das Entstehen von Dogmen zur Folge hatte, aber auch zahlreiche Abspaltungen verschiedener Sekten. Eine Kirchenhierarchie mit einem Papst an der Spitze entstand ebenso wie eine geregelte Liturgie und verschiedene Gremien wie Synoden, Konzile und Gemeinden, ja sogar ganze ›Nationalkirchen‹. Die bis heute andauernde Erfolgsgeschichte des Christentums nahm hier ihren Anfang und ließ sich auch durch vereinzelte Versuche einer Rückkehr zum Heidentum, etwa unter Julian, später gebrandmarkt durch den diffamierenden Beinamen Apostata, der Ungläubige (361–363 n. Chr.), nicht aufhalten.

Der nunmehr christliche Staat reagierte auf religiös-gesellschaftliche Mißliebigkeiten noch weit rigoroser als der heidnische Staat auf das entstehende Christentum. Das Dogma der »einzigen Wahrheit« führte zu fanatischen Verfolgungen zunächst einzelner christlich-jüdischer Absplitterungen, aber auch, besonders unter Theodosius (379–395) und Justinian (527–565), zu reichs-

169 Die Basilika San Paolo fuori le mura in Rom ist eine typische Märtyrer-Kirche, errichtet am Sterbeplatz des Apostels Paulus. Die Basilika wurde unter Kaiser Theodosius im späten 4. Jh. erbaut und nach dem Brand vom 16. Juli 1823 originalgetreu wiederhergestellt. Stich von Piranesi aus dem 18. Jh.

170 Basilika B in Philippi in Nordost-Griechenland, 6. Jh. n. Chr. Die aneinandergesetzten Basiliken und der Bischofspalast bildeten ein Baukonglomerat mit fast städtischen Ausmaßen und Strukturen.

171 Goldglas mit der Darstellung der hl. Agnes als Markierung einer Grabplatte in der Panfilo-Katakombe in Rom. Die Darstellung ist durch Radierung aus einem Stück Blattgold erzeugt und in eine dünne Glasschicht eingelagert. 4. Jh. n. Chr.

Neben den weitverzweigten Steinbrüchen im Untergrund von Paris sind die über 70 Katakomben von Rom mit ihrem nahezu 150 km langen Gangsystem das berühmteste unterirdische Monument einer europäischen Metropole. Nur ein Teil dieser christlich-jüdischen Friedhöfe war einstmals wirklich in die Erde gebaut – und Katakomben nannte man sie erst im Mittelalter nach der einzigen damals bekannt gebliebenen unterirdischen Grabanlage S. Sebastiano an der Via Appia, die den Flurnamen *ad catacumbas* (= »in der Talsenke«) trug. Die ersten dieser Friedhöfe entstanden um 150 n. Chr. auf Privatgrund und waren Familiengrüfte wohlhabender Sippen oder gehörten privaten Begräbnisvereinen. Ob frühe Anlagen wirklich ausschließlich christliche Bestattungen enthielten, ist unsicher. Später gingen die Begräbnisplätze auch in Gemeindebesitz über. Einzelne Gräber von Heiligen oder Märtyrern wurden Andachtsstellen oder Wallfahrtsorte und in dieser Funktion oft zur Keimzelle späterer Kirchenbauten, wie das wohl berühmteste Beispiel, der Petersdom über den weitläufigen Katakomben mit dem vermeintlichen Petrusgrab, zeigt.

Die meisten Katakomben gerieten seit dem 10. Jh. in Vergessenheit. Erst um 1600 begann man, sie neu zu entdecken. Die besondere Beziehung der Christen zum Tod, die auch für die selbstgewählte Ausgrenzung aus den üblichen Bestattungssitten verantwortlich war, blieb der heidnischen Antike immer suspekt (s. S. 116). Doch daß die Christen sich in Zeiten der Unterdrückung kummervoll geduckt in ihren unterirdischen Friedhöfen zu Andacht und Gebet versammelten oder darin sogar dauerhaft Quartier bezogen, ist ein vom Christentum bereitwillig tradierter, das Heidentum dämonisierender Mythos, der auf kurzfristige Benutzungsbeschränkungen in der zweiten

172 Christus als Lehrer unter den Aposteln. Fresko aus der Domitilla-Katakombe, um 350 n. Chr.

Hälfte des 3. Jh. n. Chr. zurückgeht und sich als Klischee über Gemälde, Buchillustrationen und Filmsequenzen, z. B. in »Quo Vadis«, bis in unsere Tage verfestigt hat.

Die Katakomben wurden von speziellen Totengräbern, den *fossores*, nach einem vorher festgelegten Plan gebaut: entweder als großflächiges Zweigsystem, das sich entlang eines Hauptgangs baumartig verästelte, oder ein kompaktes Rostsystem, bei dem zwei parallele Gänge mit zahlreichen Querverbindungen versehen wurden. Die Gänge blieben durch das weiche Tuffgestein des Untergrunds stabil. Man brach in regelmäßigen Abständen Öffnungen nach oben durch, um Belüftung und Beleuchtung, aber auch gezielten Zugang zu gewährleisten. Platzmangel wurde durch Vertiefung kompensiert, so daß viele Katakomben zu mehrstöckigen Labyrinthen anwuchsen.

Von den Gängen abzweigend, befanden sich die einzelnen Grabstätten: Ganze Räume mit Eingangsfassaden und Nischen im Inneren für aufwendigere Sargbestattungen, die als Familiengrüfte auch Platz für sepulkrale Riten (Totenmahl, später die Eucharistiefeier) boten, wechselten ab mit einem entlang der Gänge angelegten mehrstöckigen System von kleinen Wandkammern für die Körper der Toten, die mit Steinplatten (*loculi*) verschlossen waren, wie es heute noch auf vielen Friedhöfen Italiens begegnet.

173 Gang in der Panfilo-Katakombe mit übereinanderliegenden Nischengräbern. Anlage des 4. Jh. n. Chr.

Zur Identifizierung der Grabstätte waren die einzelnen *loculi* markiert, z. B. mit einem Stück verzierten Goldglases (**171**), mit einer Münze, die in den Mörtel der Platte eingedrückt wurde, oder mit Graffiti.

Ab dem 3. Jh. n. Chr. wurden Gräber immer öfter mit Wandmalerei ausgeschmückt, und so findet sich in den Katakomben ein recht vielfältiges Spektrum von Bildern, deren Motive zunächst noch ganz in der Gestaltungsart der antik-römischen, heidnischen Kunst gehalten waren und erst nach der Etablierung des Christentums als Staatsreligion in dem Schematismus einer ›offiziellen‹ christlichen Ikonographie erstarrten. Etwa die Hälfte der stadtrömischen Katakomben weist, ebenso wie viele solcher Anlagen in anderen Städten des Reiches (z. B. Split, Arles, Trier), Malereien von z. T. beträchtlichem Prunk auf, die insgesamt einen sehr wichtigen Teil frühchristlicher Kunst- und Religionsgeschichte bilden.

174 Bilder der kirchlichen Hierarchie erinnern in ihrer Formelhaftigkeit an Darstellungen des spätantiken Hofzeremoniells (vgl. **161**). Oben der Bischof als Lehrer, daneben der Diakon (sitzend) und der Priester (stehend). Unten der niedere Klerus mit seinen typischen Attributen in ähnlich hierarchischer Anordnung. Miniatur aus dem Ragnaldus-Sakrament, 9. Jh. Autun, Bibliothèque Municipale.

weiten Heidenpogromen, die erste Vorboten eines fundamental-intoleranten Christentums waren, wie es sich später in Kreuzzügen und Inquisition manifestierte. In der Regentschaft Justinians wurden alle heidnischen Tempel geschlossen und die alten Philosophenschulen verboten. Massenhaft wurden Heiligtümer enteignet, geplündert und gebrandschatzt. Die Reichskirche, die nun allen Prunk für sich in Anspruch nahm, erlangte in dieser Zeit eine gewaltige ökonomische Machtstellung.

Frühchristliche Kirchen, vor allem diejenigen in Rom, Konstantinopel und Thessaloniki, geben mit ihren raumgreifenden Architekturen, prachtvollen, goldüberzogenen Mosaikdekorationen und kleinodienhaften Ausschmückungen noch heute einen lebhaften Eindruck vom materiellen Reichtum der Kirche in dieser Zeit. Zugleich manifestiert sich in den christlichen Bauten und Bildern insgesamt der Wandel von einer konspirativen Bewegung zur autokratischen Monopol-Religion. ›Hauskirchen‹ wie diejenigen von Dura Europos am Euphrat (**168**), die es bis zum 3. Jh. n. Chr. überall gab, zeigen den bescheidenen Anfang einzelner Gemeinden, die sich privat zu Gebet und Andacht trafen. Die großen Baukonglomerate des 4. und 5. Jh., die, wie in Philippi oder Nea Anchialos in Griechenland, regelrechte Kirchenstädte bilden konnten, verdeutlichen das Anwachsen der Gemeinden und damit auch des ökonomischen Potentials ebenso augenfällig wie die Prunkbauten Roms, Ravennas, Thessalonikis oder Konstantinopels.

Die Erben des antiken Rom: Byzanz, die arabische Welt und langobardisch-westliche Kulturen

175 Die über 40 m durchmessende Halbrund-Kuppel des Pantheons in Rom, unter Kaiser Hadrian in der erhaltenen Form errichtet, bildet mit ihrer Bautechnik, aber auch mit der religiös-theologischen Gleichsetzung der Himmelskuppel mit der Götterwelt ein Baumotiv, das von allen Nachfolgekulturen des antiken Rom in variierter Form übernommen wurde. Gemälde von G. P. Pannini, um 1740. Washington D.C., National Gallery of Art.

Es ist unter Historikern eine geläufige Ansicht, daß das römische Reich mit der Teilung in einen West- und einen Ostteil im Jahr 395 und nach dem Scheitern des Versuchs einer ›Wiedervereinigung‹ mit Justinians Tod (565) dauerhaft in einen germanisch-lateinischen Westen und einen byzantinischen Osten zerfiel und daß es diese beiden Gebilde waren, die das antike Rom ›beerbten‹. Diese Sichtweise, die mit ihren geschmeidigen, auf ›Kerndaten‹ zurückführbaren Zäsuren ganz in Übereinstimmung mit einer epochenfixierten neuzeitlichen Geschichtsschreibung steht (s. S. 111f.), trügt jedoch. Entfernt man sich einmal von den Details der Ereignisgeschichte und nimmt den geographischen Raum des Römerreichs insgesamt in den Blick, wie er sich etwa um das Jahr 800 präsentierte, wird deutlich, daß sich nicht zwei, sondern drei kulturelle Subsysteme herausgebildet hatten, die jeweils in eigener Weise die etablierten Strukturen Roms tradierten und entsprechend den neuen Bedürfnissen transformierten: neben dem lateinisch-westlichen und dem byzantinisch-östlichen Kultursystem auch die islamische Welt im Südosten des ehemaligen Imperiums.

Der Islam entstand, zunächst weitgehend unbeachtet, im 7. Jh. auf der Arabischen Halbinsel. Er verbreitete sich schnell auch in den Vorderen Orient, wenig später dann über die gesamte nordafrikanische Mittelmeerküste bis nach Spanien. Dabei integrierte er verschiedene christlich-jüdische Strömungen, erlebte aber auch mehrere Spaltungen. Immer wieder sind diese Vorgänge negativ-abwertend als militärische Eroberungszüge einer marodierenden Fremdkultur bezeichnet

176 Byzanz aus islamischer Sicht: Ansicht von Konstantinopel, Illustration aus Nashu ash-Shilahi al-Matraki, »Beschreibung der Feldzüge Sultan Süleymans«, 1537. Istanbul, Universitätsbibliothek.

177 Die Kuppel der Hagia Sophia von Konstantinopel, 537 vollendet, 558 eingestürzt und danach in steilerem Querschnitt wiedererrichtet, schmückte die berühmteste Palastkirche Konstantinopels und war Zentrum des östlich-orthodoxen Christentums. Seit 1453 dient der Bau als muslimische Moschee.

und mit Phänomenen wie dem ›Hunnensturm‹ verglichen worden – eine christlich-polemische Sichtweise, die auch dafür verantwortlich ist, daß der arabisch-islamische Anteil am Erbe der Antike in der westlichen Welt bis heute selten zur Kenntnis genommen wird. Zahlreiche Kenntnisse aus Medizin, Ingenieurskunst oder Astronomie, auch viele antike Texte hierüber, sind nur durch ihr Weiterleben in der arabischen Welt überliefert.

Das Byzantinische Reich ist von dem Historiker Georg Ostrogorsky mit wenigen Worten treffend charakterisiert worden: »Römisches Staatswesen, griechische Kultur und christlicher Glaube sind die Hauptquellen der byzantinischen Entwicklung. Nimmt man eines dieser Elemente weg, so ist byzantinisches Wesen nicht denkbar. Ermöglicht wurde diese Synthese durch die Verlagerung des Schwergewichts des Reiches nach Osten ... Die byzantinische Geschichte ist nur ein neues Zeitalter der römischen Geschichte, und der byzantinische Staat nur eine Fortsetzung des alten Imperium Romanum ... Die Byzantiner nannten sich stets Römer, ihre Kaiser betrachteten sich als römische Herrscher, römische Staatstradition beherrschte bis zuletzt ihr politisches Denken und Handeln.« (»Byzantinische Geschichte«, München 1952, S. 22). Bis ins

178 Blick in die Kuppel der Kirche Panhagia Parigoritissa in Arta (Nordwest-Griechenland). Diese berühmte byzantinische Kirche besteht z. T. aus Baugliedern einer nahegelegenen, verlassenen römischen Stadtanlage. Die Kuppel ziert ein Christusbild. 13. Jh.

hohe Mittelalter hinein existierte im Byzantinischen Reich eine verkleinerte Version Roms. Erst 1461 verschwand mit dem Kaiserreich Trapezunt sein letzter Rest im Osmanischen Staat. In fast allen Lebensbereichen – in Kultur, Religion, Politik, Wirtschaft, Juristerei und Verwaltung – sind hier, wenn auch in gewandelten Formen, antik-römische Strukturen lebendig geblieben; der Großteil des aus der römischen Antike überlieferten Wissens entstammt diesem Kulturkreis.

Während sich das Byzantinische Reich und die islamisch-arabische Welt trotz aller Konflikte und Zerreißproben als relativ homogene Gebilde erwiesen haben, dauerte es mehrere Jahrhunderte, bis sich die lateinisch-westliche Hemisphäre nach dem Untergang des weströmischen Reiches in den Völkerwanderungen des 4. und 5. Jh. als kulturelle Einheit formiert hatte, auch wenn die katholische Kirche mit ihrer bis auf Petrus zurückgreifenden Papst-Reihe eine ungebrochene Kontinuität bis in die Gegenwart proklamiert. Goten, Franken und Langobarden waren auf ihre eigenen Kulturen fixiert. Anders als im Byzantinischen Reich mußte das Christentum hier erhebliche Anstrengungen unternehmen, um mit Missionstätigkeit oder Gewalt einen allseits akzeptierten Status als gesellschaftliches Bindemittel zurückzugewinnen. Erst um 800 formte sich mit dem Reich Karls des Großen eine großräumige lateinisch-westliche Identität, deren Beziehung zur römischen Antike jedoch aufgrund der zahlreichen eigenständigen Kulturmerkmale und der historischen Diskontinuitäten die komplizierteste, jedenfalls die distanzierteste blieb.

179 Der Petersdom in Rom ist das Zentrum des lateinisch-westlichen Christentums. Die im Vergleich zur Halbrund-Form des Pantheons stark überhöhte Kuppel stammt aus der zweiten Hälfte des 16. Jh.

180 Der Felsendom in Jerusalem mit seiner weithin sichtbaren Kuppel. Erbaut um 700.

Bedeutendere neuzeitliche, in verschiedener Weise auf die römische Antike zurückgreifende Bauwerke und Bauensembles (Auswahl):

1446–68 Tempio Malatestiano (Rimini)
nach 1460 San Andrea (Mantua)
1540–80 Zahlreiche Villenbauten von Andrea Palladio in Norditalien
1663 Pembroke College Chapel (Cambridge)
1666–71 The Monument (London)
1716 St. George-Church in Bloomington (London)
1720 St. Martin-in-the-Fields-Church (London)
1739–53 Mansion House (London)
1755–90 Ste. Genèvieve/ Pantheon (Paris)
nach 1759 Landsitz Keddleston Hall (Derbyshire)
1765–1805 Bauten im Schloßpark Wörlitz
1769–1803 Wohnsitz von Thomas Jefferson, in zwei Bauphasen (Monticello bei Charlottesville)
1773–80 Theater (Bordeaux)
nach 1774 Idealstadt und Saline (Chaux)
1785–89 State Capitol (Richmond)
1793–1864 United States Capitol (Washington)
1794 Bank of England, Rotunde (London, zerstört)
1806–08 Arc du Caroussel (Paris)
1806–36 Arc de Triomphe (Paris)
1806–42 Umbau der Madeleine-Kirche (Paris)
1817–26 University of Virginia (Charlottesville)

»Roma aeterna« – Rom ist ewig. Betrachtet man das Nachleben der römischen Antike, dann wird der innere Sinn dieses antiken Slogans erst in seiner ganzen Dimension meßbar. Man müßte eigentlich eher von einem ›Weiterleben‹ reden, denn ›Nachleben‹ setzt ein ›Gestorbensein‹ voraus, und Rom ist nicht tot, selbst heute nicht. Diese Erkenntnis ist der beste Beleg für die Vergeblichkeit, Geschichte in Epochen zu zergliedern und Vergangenheit als definitiv abgeschlossene, als vollendete Einheit betrachten zu wollen. Die Aspekt- und Materialvielfalt, in der sich das Nach- oder Weiterleben der römischen Antike manifestiert, ist schier uferlos; das folgende Kapitel bietet deshalb kaum mehr als eine willkürliche Auswahl einzelner Phänomene, nicht aber eine auch nur annähernd systematische Gesamtdarstellung.

Rom als Idee: Römische Rechts- und Staatskonzepte in der Nachantike

Gelten Philosophie und Bildende Kunst als die großen, bis heute wirksamen kulturellen Leistungen der griechischen Antike, so werden Rechtskodifikation und das Staatskonzept der Monarchie immer wieder als vergleichbare Errungenschaften des antiken Rom bezeichnet, die bis in die jüngste Vergangenheit, ja sogar in der Gegenwart Gültigkeit haben und die somit das intensivste ›Nachleben‹ aller Erscheinungsformen des römischen Altertums aufweisen. Römisches Recht ist bereits in der frühen Republik, beginnend mit dem Zwölftafel-Gesetz, schriftlich fixiert und dann in immer neuen, umfassenderen Codices den veränderten Gegebenheiten angepaßt worden. Wesentliches Merkmal war sein abstrakter Charakter, der nicht, wie in der vor-römischen Antike üblich, einzelne Delikte mit konkreten Strafen verband, sondern allgemeine ›Rechtsregeln‹ festschrieb; ein römisch-antikes Prinzip, das noch heute in vielen Staaten das Fundament der Rechtsprechung ist. Von den vier Kernbereichen römischen Rechts – Privatrecht, Staatsrecht, Prozeßrecht und Strafrecht – ist nur das Strafrecht vollständig untergegangen. Prozeß-, Privat- und Staatsrecht leben in verschiedener Intensität bis heute fort.

Ungebrochen bis in die Neuzeit ist das Staatsrecht geblieben, allerdings auf der eher allgemeinen Ebene eines ›Staatsverständnisses‹ und weniger hinsichtlich der Detailregularien. Die gesamte Reichsidee einer Monarchie, ob das Heilige Römische Reich Deutscher Nationen, das Papsttum oder der Absolutismus französischer oder deutscher Prägung in der Neuzeit, rekurrierte auf das Staatskonzept der römischen Kaiserzeit. Päpste, Kaiser, Könige und Fürsten benutzten die Institution des römischen Kaisertums unmittelbar als Herrschaftsvorbild: Viele nachantike Monarchen titulierten sich Augustus, und der Name Caesar wurde, losgelöst von der historischen Person, zur Wurzel des politischen Begriffs Kaiser oder Zar.

Komplizierter ist die Situation beim Privat- und Prozeßrecht. Die bis heute wirksame Überlieferung ist oft als herausragende Leistung des lateinisch-westlichen Kulturkreises bezeichnet worden, was aber nur bedingt zutrifft, denn die Tradierungsgeschichte weist hier Brüche und Zufälligkeiten auf. Unter Justinian wurde das römische Recht insgesamt unter Einschluß aller bis dahin entstandenen Rechtstexte umfassend neu kodifiziert. Dieses *corpus iuris*

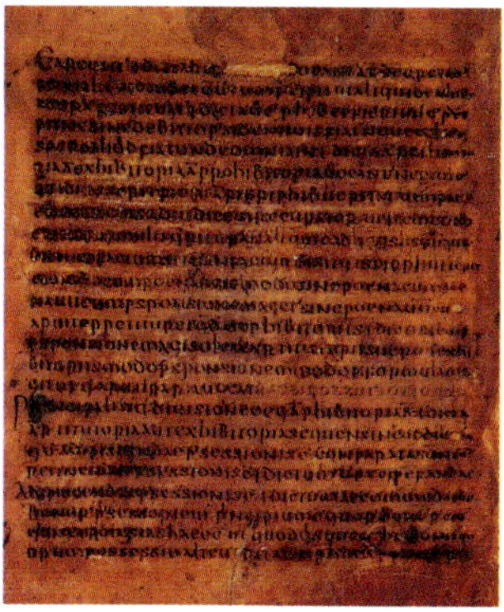

181 Authentische Zeugnisse römischen Rechts wie diese spätantike Abschrift eines Gesetzestextes sind sehr selten.

1822–38 Ludwigskirche (Darmstadt)
1823–30 Altes Museum, Kuppelsaal (Berlin)
1842–63 »Befreiungshalle« (Kehlheim)
1851 Marble Arch (London)
1871 Royal Albert Hall (London)
1893 Ausstellungsbauten der Columbia World Fair (Chicago)
1925–42 Zahlreiche Mietshäuser antiken Stils in Rom und anderen italienischen Städten
1932–36 Casa del Fascio (Como)
1934 Volkskommissariat für Schwerindustrie (Moskau; Entwurf I. Fomin)
1934–43 Jefferson Memorial (Washington)
1937 Generalbebauungsplan für Berlin (»Große Halle des Volkes«; Triumphbogen); nur in geringen Ansätzen realisiert
1937 Italienischer Pavillon der Weltausstellung (Paris)
1937–42 EUR-Weltausstellungsgelände (Rom)
1954 Pavillons der »Landwirtschaftlichen Unionsausstellung« (Moskau)
1970–74 J. P. Getty-Museum (Malibu)
1972–74 Caesar's Palace Hotel (Las Vegas)
1980–89 Baukomplex für Regierung und Staatsverwaltung (Bukarest, unvollendet)

182 Der Klappstuhl römischer Beamter (*sella curulis*) war auch in nachantiker Zeit ein Symbol der Rechtsgewalt. Das gut erhaltene Pariser Exemplar aus Bronze entstammt dem 6. Jh. und diente dem Merowinger-König Dagobert als Thron. Paris, Cabinet des Médailles.

von 533 wurde zur Grundlage des oströmisch-byzantinischen Reiches, wo jedoch andere Normen wie z. B. das ›syrisch-römische‹ Rechtsbuch (das später Eingang in die islamische Welt fand) nie ganz verdrängt wurden. Mit dem Verschwinden des byzantinischen Staates wurde dieses römische Rechtssystem durch die grundsätzlich andersartigen Strukturen des Osmanischen Rechts vollständig eliminiert.

Im westlich-lateinischen Kreis galt neben dem kanonischen Kirchenrecht lange Zeit ein vereinfachtes römisches Recht, und dies auch nur deshalb, weil gotische und burgundische Könige mit diesen Rudimenten die Verhältnisse ihrer noch ›romanisierten‹ Untertanen am einfachsten regeln konnten. Basis dieses ›Vulgar-Rechts‹ war der durch die justinianische Kodifikation eigentlich überholte Codex aus der Regierungszeit des Theodosius, der mit gotisch-fränkisch-langobardischen Elementen vermischt wurde. In der Zeit zwischen den Völkerwanderungen und dem Hochmittelalter gerieten die meisten römischen Rechtsnormen in Vergessenheit. Erst nach dem Fund einer fast kompletten Handschrift des justinianischen *corpus iuris* kam es zu einer regelrechten Wiederentdeckung: Die ersten Rechtsschulen in Pavia und Bologna, die in der Folge dieser Entdeckung im 11. Jh. entstanden, übersetzten, kommentierten und verwissenschaftlichten antikes Recht, das sich nicht

183 Der römische Kaiser Justinian ließ von einer Kommission alle gültigen römischen Rechtsnormen kodifizieren. Dieses *corpus iuris* ist die Grundlage der bis in die Gegenwart reichenden Tradierung römischen Rechts. Mosaik aus der Kirche San Vitale, Ravenna. Mitte 6. Jh. n. Chr.

nur für die entstehende Stadtkultur der Renaissance, sondern als römisch-kaiserliches Recht auch für Monarchien wie etwa die der Staufer und sogar für die weltlichen und liturgischen Aspekte der katholischen Kirche als brauchbares Regular erwies.

Römisches Recht wurde seitdem dynamisch allen sich verändernden Gegebenheiten angepaßt und jeweils überkommene Regularien, z. B. zur Sklaverei, verworfen. Auch in Ländern, die sich im Zuge der Aufklärung an die Erstellung gänzlich neuer Rechtsnormen begaben, blieb römisches Recht als Referenzmuster erhalten. Das völlig andersartige, auf Präzedenzrechtsprechung beruhende System Englands und Amerikas bildet innerhalb der lateinisch-westlichen Kultur eine Ausnahme. In Deutschland wurde im 19. Jh. hauptsächlich im Umkreis des Juristen Friedrich Carl von Savigny (1779–1861) ein systematisch und begrifflich durchgebildetes, abstraktes Recht entwickelt, das am 1. Januar 1900 dann als Bürgerliches Gesetzbuch in Kraft trat und nun nicht mehr in Einzelheiten, aber in vielen Grundzügen auf römisches Recht zurückgriff.

In der Tradition der Caesaren: Päpste, Kaiser und Könige

Die politisch-ideologische Indienstnahme des Imperium Romanum bot Päpsten, Kaisern und Königen sowohl eine Absicherung und Legitimation ihrer herrscherlichen Gewalt wie auch die Möglichkeit einer Rückprojektion der individuellen Herrschaftsauffassung auf die ›großen Vorbilder der Geschichte‹, etwa auf die ›guten‹ römischen Kaiser Augustus, Trajan, Hadrian oder Constantin. Sammlungen von Biographien entstanden seit der Frührenaissance, die diese ›großen Männer‹ rühmten und sie zu Vorbildern erklärten. Einher ging dies meist mit einem Rückgriff auch auf die Denkmäler des Alten Rom.

184 Lothar-Kreuz aus dem Aachener Domschatz. Das goldene Vortragekreuz wurde um 1000 gefertigt. Der eingearbeitete antike Kameo mit dem Portrait des Augustus sollte ausdrücken, daß der Stifter als legitimer Nachfolger des römischen Kaisertums gesehen werden wollte.

185 Unbekannter Herrscher, 5.–7. Jh. Das in der Manier antik-römischer Kaiserstatuen gestaltete Bronzebildnis wurde 1309 im Hafen der apulischen Stadt Barletta entdeckt, restauriert und vor dem Dom aufgestellt. Das Kreuz in der Rechten ist ergänzt und zeigt eindrucksvoll, wie weltliche Herrschaftsgesten kirchlich vereinnahmt werden können.

Herrscherbilder, entweder als plastische Portraits, Gemmen oder als Münzbildnisse, wurden ebenso gesammelt, wobei man Wert auf eine vollständige Reihe der römischen Kaiser legte, was oft dazu führte, daß die sich ergebenden Lücken durch moderne Stücke in ›antikem Stil‹ geschlossen wurden. Solche Imitationen, die zunächst keineswegs in Fälschungsabsicht entstanden, wurden später aber mit dem antiken Bestand vermengt und bereiten deshalb der Forschung bisweilen noch heute Probleme.

Zahlreiche Portraitgalerien, Münz- und Gemmensammlungen entstanden seit dem Mittelalter an den Fürsten- und Königshöfen, und daß sich auch die Kirche mit ihrer monarchischen Hierarchie in ganz ähnlicher Art auf das antike Rom bezog, zeigt das ›Lothar-Kreuz‹ aus dem Aachener Domschatz (**184**): Die Insignie kirchlicher Macht aus dem 10. Jh. ziert in der Mitte ein prachtvoller antiker Kameo mit dem Bildnis des Augustus.

Doch nicht nur antike Denkmäler wurden in diesem Sinne wiederverwendet. Auch das eigene Herrscherbild wurde seit dem frühen Mittelalter durch Angleichung an antike Bildformeln ›geadelt‹. Selbst in den außerhöfischen Kreisen der bürgerlich-städtischen Oberschicht und der lokalen Magistraten wurden solche Herrscherzyklen zur Mode. Dort, wo keine Vorstellungen vom tatsächlichen Aussehen der Portraits der Herrscher existierten, griff man zu Phantasiebildern, wie dies etwa verschiedene Bilderreihen mit römischen und

186 Der römische Kaiser Otho. Phantasie-Bildnis auf einer Holzbalkendecke mit einem Zyklus römischer und nachantiker Herrscherbilder. Aus dem Lüneburger Bürgerhaus ›Große Bäckerstraße 28‹, nach 1534.

nachantiken Kaiserbildern auf Lüneburger Holzbalkendecken des 15. und 16. Jh. zeigen, wo die einzelnen Kaiser durch Beischrift und kurze biographische Angaben identifizierbar sind (**186**).

Die Vorbildhaftigkeit der Antike führte bald über eine unmittelbar ideologische Nutzung der Denkmäler hinaus. Erste Antikensammlungen, Vorläufer moderner Museen, entstanden. Rom und die Provinzen wurden von nun an regelrecht geplündert. Nicht nur Kaiser und Könige und, allen voran, die Päpste mit den stets anwachsenden Vatikanischen Sammlungen, auch viele weniger bedeutende Fürsten und Herzöge in Europa, sogar ländlicher Kleinadel wie Graf Wallmoden-Gimborn aus einer unehelichen Linie der Hannoveraner Kurfürsten trugen im 17. und 18. Jh. beachtliche Sammlungen von Antiken zusammen und spiegelten sich in deren Glanz.

187 Antike Kunst als moderne Kriegsbeute: Triumphzug mit in Europa erbeuteten Antiken durch Paris im Jahre 1810 (der Ausschnitt zeigt den »Apollon von Belvedere« aus dem Vatikan in Rom). Vorlage für den Fries einer Prunkvase aus der Porzellanmanufaktur Sèvres.

Von welch hohem Symbolwert solche Antikensammlungen waren und in welchem Ausmaß sie auch zu einer Sache des Nationalprestiges werden konnten, zeigte sich in den napoleonischen Kriegen. Antike Kunst wurde zu einem erstrangigen Beutegut (**187**). Ägypten wurde von napoleonischen Truppen in einem gigantischen Raubzug geplündert, und selbst vor den damals schon jahrhundertealten Museumsbeständen Roms machte man nach der Eroberung Italiens 1796/97 nicht halt. In einem prunkvollen Triumphzug, der bis in Details römisch-antiken Berichten über solche Ereignisse nachgestellt war, wurde 1810 diese Kriegsbeute, darunter berühmteste Werke der antiken Kunst wie der »Laokoon« und der »Apoll« aus dem Belvedere des Vatikan, der Pariser Bevölkerung präsentiert und in den extra dafür umgestalteten Louvre, das Musée Napoleon, verbracht – und erst nach langen diplomatischen Kontroversen an den ursprünglichen Verwahrungsort rückgeführt.

188 Giovanni Paolo Pannini, »Roma Antica«, 1756/57. Stuttgart, Staatsgalerie (Ausschnitt). Das Gemälde zeigt eine imaginäre Galerie mit Bildern antiker Bauwerke Roms, die verschiedenen zeitgenössischen Vorlagen entnommen sind. Solche Bilder des 18. Jh. dokumentieren den musealen Stellenwert, den nun auch Architekten erhalten.

Die Überreste der römischen Antike blieben, wo sie denn gehäuft und unverschüttet präsent waren, durch alle Zeiten für die praktischen Belange der Bevölkerung von besonderer Bedeutung. Auch wenn hieraus manchmal Zerstörung von Antike resultierte, so war dies dennoch nie mutwillige Absicht, sondern eine unbefangene Nutzung, orientiert an den jeweils gegenwärtigen Bedürfnissen der Menschen. Erst unsere museale Sichtweise hat aus den Dingen sakrosankte »Kulturgüter« gemacht, einen solchen vorbehaltlosen Umgang mit ihnen als ›barbarisch‹ gebrandmarkt, zugleich aber durch vermeintlich archäologischwissenschaftliche Beschäftigungen den Denkmälern durch Restaurierung, durch die ›Reinigung‹ von ihrer Geschichte viel größeren und unwiederbringlichen Schaden zugefügt. Zwar wurden antike Marmorskulpturen zu Kalk gebrannt, einem über Jahrhunderte hinweg wichtigen Baustoff, und Bronzeplastik wurde derart gründlich zu Waffen oder Geräten umgeschmolzen, daß Funde heute seltene Ausnahmen sind. Doch hat dies der Kenntnis von der Antike weniger Abbruch getan als das Verstreuen von Funden in die Museen in aller Welt und das Zerstören von Befunden und Fundzusammenhängen, wie dies unter dem Banner der Wissenschaft bis in unser Jahrhundert hinein fast wie selbstverständlich geschehen ist.

Besondere Nutzungskontinuitäten konnten römische Architektur und Infrastruktur aufweisen. Römische Geländekataster und Flurgrenzen (s. S. 100ff.) haben sich bis in die Neuzeit tradiert und definieren bisweilen noch heute Besitzverhältnisse. Römische Wasserleitungen, Brükken und Straßen blieben, oft sogar in kaum verändertem Zustand, bis in die Neuzeit in Funktion.

Ganze moderne Siedlungskerne und Stadtbereiche lagern wie ein Pfropf auf antiken Strukturen. Die Piazza Mercato, das Zentrum des toskanischen Städtchens Lucca (**190**), hat im Arrangement der Häuser die Form des einstigen römischen Amphitheaters bewahrt; die Piazza Navona in Rom läßt trotz der homogenen barocken Gestal-

189 Der Tempel des Antoninus und der Faustina, 141 n. Chr. erbaut, wurde im 12. Jh. in eine Kirche umgewandelt. Die antiken Frontsäulen wurden 1536 freigelegt und die Kirche 1602 mit einer barocken Fassade versehen. Antiker Tempel und moderne Kirche verbanden sich so zu einer baulichen Einheit.

190 Das Zentrum der Stadt Lucca in der Toskana fußt auf den Strukturen eines römischen Amphitheaters.

tung deutlich den langgestreckten Circus des Domitian erkennen, der hier einst stand, und verschiedene Theater in Rom haben ihre Halbrundform bis in die mittelalterliche Wohnhausbebauung der Stadt tradiert. Sogar das Kolosseum, heute die mächtigste Ruine Roms, war bis ins 18. Jh. hinein bewohnt.

Eine nur scheinbar konservierendere Form der Neunutzung antiker Architektur war ihre Umwandlung in christliche Kirchen. Die alten Gemäuer wurden für die neuen Gebrauchszwecke gründlich umgestaltet; an griechischen Tempeln z. B. wurde meist der Eingang von der Ost- auf die Westseite verlegt, im Osten eine Apsis eingebaut, und alle Spuren des Heidentums wurden getilgt. Als berühmtester römischer Tempel wurde das Pantheon in Rom im Jahr 608 zur christlichen Kirche umfunktioniert, und manchmal entstanden durch die Verschmelzung antiker und moderner Architekturformen bizarre Stilmischungen wie am Tempel des Antoninus und der Faustina in Rom (**189**).

Schließlich konnte auch militärische Nutzung antiken Bauwerken eine neue Funktion geben: Das Mausoleum Hadrians wurde um 400 als ein Vorposten in die Stadtmauer einbezogen und später bekannt als Engelsburg, das weltberühmte Bollwerk des Vatikan.

Doch auch die rabiate Plünderung der Antike war an der Tagesordnung: Ruinen wie die der römischen Stadtanlage bei Xanten, nur wenige hundert Meter von der mittelalterlichen Neugründung entfernt, wurden systematisch als Steinbruch ausgebeutet. Alles verfügbare Baumaterial wurde entweder in die neue Stadt verbracht oder nach auswärts verkauft. Sogar im Dom von Schleswig haben sich antike Steine aus Xanten gefunden.

Erst vergleichsweise spät, im 18. Jh., entstand auch gegenüber antiker Architektur ein museales Verhältnis. Giovanni Paolo Panninis berühmtes Gemälde »Roma Antica« von 1756/57 (**188**), das in einem imaginären Gebäude eine ganze Galerie mit Bildern antiker Ruinen der Stadt Rom präsentiert, ist ein Dokument dieser gewandelten Einstellung.

191 Das Marcellus-Theater in Rom, 12 v. Chr. erbaut, wurde im Mittelalter durch Aufstockung und Umbau zu einem bewohnten Palazzo.

192 Ausgrabungen römischer Antiken bei Xanten, Stich von 1839. Neben der puren Schatzsuche war die Bergung und Neuverwendung antiken Baumaterials Zielpunkt solcher Grabungen, noch nicht jedoch wissenschaftliches Interesse.

193 Das antike Rom, durch nachantike Geländeablagerungen fest in den Boden eingewachsen. Kupferstich des Forum Romanum (im Vordergrund der Ehrenbogen für Septimius Severus) von Giovanni Battista Piranesi, um 1750.

Dauerhafte Schönheit und urwüchsige Größe: Das antike Rom und der Ruinenkult

Das Rom, wie es sich bei Giovanni Battista Piranesi (1720–78, **193**) in seinen berühmten, immer wieder nachgedruckten Radierungen und Stichen präsentiert, war ein wild-romantischer Ort mit verwunschenen Ruinen und tief in die Erde ›eingewachsenen‹ antiken Relikten. Rom lag in Trümmern, und die Neuzeit, die sich in massiven Ablagerungsschichten darum herum rankte, wird hier geradezu physisch als eine ›verschüttende‹ Komponente spürbar, die zugleich aber auch ein romantisches Ambiente schuf. In Piranesis kulissenhaften Ansichten, die in den Stichen von Marten van Heemskerck, Giovanni Antonio Dosio, Hieronymus Cock und Etienne du Pérac ihre Vorbilder und dann unzählbare Imitationen im späten 18. und 19. Jh. hatten, formte sich ein folgenreicher Blick auf die Antike: Die Ruine als Symbol von Vergänglichkeit und Dauerhaftigkeit zugleich. Die zu dieser Zeit bereits üblichen Ausgrabungen an den Ruinen wurden, wie etwa Wilhelm von Humboldt als Gesandter am Vatikan im frühen 19. Jh. in seinen

194 »Capriccio mit dem Kolosseum«, Ölgemälde von Bernardo Bellotto, genannt Canaletto, 1742/47. Das Bild zeigt Rom als verwunschenen Ort, bestanden mit Ruinen und ausstaffiert mit folkloristisch angehauchten Figuren. Parma, Nationalgalerie.

Briefen schrieb, als störender, romantikvernichtender Modernismus empfunden.

Dieses Image von der Ruine war eine Metapher für die Antike schlechthin: Ein technisch hochkarätiges Bauwerk, etwa das Kolosseum (**194**), zeigte sich vom Zahn der Zeit zwar insgesamt in Mitleidenschaft gezogen, aber dennoch nicht ›besiegt‹. Die einstige Größe Roms, zugleich aber auch die Geschichtlichkeit der Antike als ein relativierender Faktor der eigenen Gegenwart wurde hier ebenso sinnfällig wie die Vorbildfunktion, die die Bauten gerade wegen ihres unverwüstlichen Zustands noch aufwiesen. Piranesis Bilder, aber auch die anderen Rom-Veduten dieser Jahre dokumentieren dies. Modelle aus Kork oder Holz (**195**), die antike Bauten detailliert in ihrer Ruinenhaftigkeit, seltener aber als Rekonstruktionen in intaktem Zustand nachgestalteten, halfen ebenfalls, dieses Image von Rom in alle Welt zu verbreiten.

Die Ruine als Synonym für Antike wurde zu einem derart wirkungsmächtigen Topos, daß im Zuge einer regelrechten Mode an Fürsten- und Königshöfen künstliche Ruinen errichtet und sie zu Attraktionen von Parks oder Gärten gemacht wurden. Die Antike wurde zu einem Aspekt höfisch-bukolischen Vergnügens, vergleichbar etwa mit der ›Spielzeugwelt‹ von Marie-Antoinette in Versailles. ›Moderne‹ Ruinen dienten als Kulissen für Gartenfeste und ähnliche Veranstaltungen.

195 Die Ruine als Modell. Der Kuppelsaal in den licinianischen Gärten in Rom, im 4. Jh. n. Chr. entstanden, wurde von Carl May um 1800 als Ruine nachgestaltet. Als Vorlage für das Korkmodell diente ein Stich von Piranesi. Aschaffenburg, Schloß.

»Wenn Sie sich durch und durch in Vergänglichkeit und Trümmer versenken, aber diese Trümmer die Trümmer einer (ganzen) Welt sind, so haben Sie den Eindruck, den Rom auf mich macht. Das erste Gefühl ist Wehmut, aber die Unermeßlichkeit des Dahingeschwundenen gibt der Wehmut eine Größe, die wieder heiter wird ... Rom ist das Symbol zugleich des Vergänglichen und des Weltzusammenhangs.«

Wilhelm von Humboldt in einem Brief aus Rom an Christian Gottfried Körner vom 8. Juni 1805

In Sanssouci, Schönbrunn und auch in ›provinzielleren‹ Schloßgärten wie etwa dem des Landgrafen Karl von Hessen-Kassel entstand römische Ruinen-Antike als neuerbaute Künstlichkeit, die entweder als Blickfang inmitten einer naturnah geschaffenen, aber dennoch künstlichen Landschaft oder aber als landschaftsstrukturierendes Element bei Terrassierungen, Wasserfällen oder Geländesprüngen gestaltet waren (**196**).

196 Römische Antike als künstliche Ruine: der »Ruinenberg« im Schloßpark von Sanssouci, 1745 nach Entwürfen von Georg von Knobelsdorff erbaut.

Das antike Rom als Utopie der französischen Revolution und im amerikanischen Unabhängigkeitskrieg

Bis zur Mitte des 18. Jh. nahm Antikenrezeption nahezu ausschließlich auf die römische Kaiserzeit Bezug, die als eine paradigmatische Epoche in verschiedenster Weise mit weltlichen oder kirchlichen Imperialstrukturen verflochten war. Seit etwa 1750 erfolgte eine nachhaltige Relativierung dieser durch Jahrhunderte gewachsenen Perspektive, die fortan nur noch eine von mehreren Optionen von Antiken-Rezeption bildete. Hintergrund dieses Wandels waren die immer umfassenderen Infragestellungen der absolutistisch-feudalen

Monarchien im Zuge der Aufklärung und ein wachsendes bürgerliches Selbstbewußtsein.

Gegen das überkommene Antike-Ideal vom kaiserzeitlichen Rom formten sich zwei Alternativkonzepte. Nicht zufällig vollzog sich in eben jenen Jahren und gerade vor dem Hintergrund dieser nationenübergreifenden gesellschaftlichen Umbruchsituation zunächst die Wiederentdekkung, später dann die Befreiung des über Jahrhunderte im unzugänglichen Osmanischen Reich gelegenen Griechenland mit seiner Antike. Rasch bildete sich eine neue, nicht an Kaisern und ihrer Hofkunst, sondern an den Bildern und Bauten demokratischer Stadtstaaten wie Athen orientierte Leitvorstellung von der Antike, die im 18. Jh. zunächst besonders in England als aristokratischer Eskapismus gepflegt wurde, dann aber auch im kontinentalen Europa in Gestalt einer teils aufmüpfigen, teils bürgerlich-romantischen, dabei aber immer utopischen Vorstellung von Freiheit und Freizügigkeit ihre Wirkung entfaltete. Die Sehnsucht nach »edler Einfalt und stiller Größe«, wie Winckelmann schwärmerisch die griechische Kunst charakterisierte, entwickelte sich schnell zu einer regelrechten »Graecomanie«, die aber mindestens in Mitteleuropa nicht minder schnell zu einem obrigkeitskonformen Klassizismus mutierte.

Doch es gab zu dieser »Graecomanie« eine Alternative. Mit der Hinwendung auf die republikanischen Ideale des antiken Rom entstand ein ebenfalls

197 Jacques Louis David, »Der Schwur der Horatier«, 1784 entstanden. Paris, Louvre. Ein mythisiertes Ereignis der römischen Frühzeit um einen Konflikt zwischen verschiedenen Sippen gerinnt in Davids Ölbild zur revolutionär-patriotischen Geste der Bewaffnung.

198 Der »Tempio Malatestiano« in Rimini mit der von Leon Battista Alberti vor 1468 vollendeten antikisierenden Fassade.

Durch das gesamte Mittelalter hindurch bis in die frühe Neuzeit waren die Vorstellungen von der Antike bestimmt von der literarischen Überlieferung. Es waren die Texte der antiken Autoren, die in Klöstern vervielfältigt, in Bibliotheken verwahrt und von den gesellschaftlichen Eliten studiert wurden. Sammlungen von antiken Gesetzen, philosophischen und kunsttheoretischen Traktaten übten auf die Nachwelt größte Wirkung aus und bestimmten so die jeweilige Vorstellung von Antike. Die materielle Überlieferung der Antike, also Skulpturen, Bauten, Gemmen oder Münzen, spielten – mit wenigen Ausnahmen – zunächst kaum eine Rolle im Leben der Menschen.

Zusammen mit dem Architekten Filippo Brunelleschi, der schon um 1410 im Zuge erster Überlegungen zum Bau seiner Florentiner Dom-Kuppel intensive Nachforschungen über technische Details an stadtrömischen Bauten unternahm, gehörte der italienische Baumeister Leon Battista Alberti (1404–72) in der Renaissance zu den ersten, die sich nicht nur theoretisch, sondern auch praktisch mit der materiellen Hinterlassenschaft der römischen Antike auseinandersetzten, sich also nicht nur auf Beschreibungen in der antiken Literatur bezogen, sondern auch auf erhaltene Relikte des Alten Rom. Die Wiederentdeckung einer Abschrift der *de architectura libri decem* des römischen Architekten

Vitruv im Kloster St. Gallen machte dessen Text bald zum Vademecum aller Renaissance-Baumeister. Bereits kurz nach Erfindung des Buchdrucks zirkulierten diverse gedruckte Übersetzungen davon. Inspiriert durch Vitruv, verfaßte Alberti selbst ein Buch: Sein *de re aedificatoria* (»Von der Baukunst«, vollendet 1452) war, wie Vitruvs Text, in zehn Bücher gegliedert und in kompliziertem Latein formuliert. Daneben galt Albertis Interesse den antiken Ruinen selbst, die er zu Vorbildern seiner eigenen Bautätigkeit erkor. Der »Tempio Malatestiano« in Rimini (**198**) blieb 1468 nach dem Tod seines Auftraggebers unfertig liegen. Alberti konnte seinen Auftrag, der älteren gotischen Kirche eine neue Fassade vorzublenden, jedoch zuvor ausführen. Für die Gestaltung orientierte er sich an dem benachbarten antiken Ehrenbogen für Augustus (**199**), den er als Mittelmotiv für die Kirchenfassade exakt nachbildete – ein antikes Ruhmeszeichen, versetzt in einen klerikal-repräsentativen Baukontext, der den weltlichen Auftraggeber, Fürst Sigismondo Pandolfo Malatesta, wie einen antiken Herrscher feierte.

Zahlreiche Zeichnungen von antiken Baudenkmälern aus der Hochrenaissance, die überwiegend Bauten mit weiterhin wichtigem Nutzcharakter (wie etwa Stadttore) oder aber mit hohem Symbolgehalt (Tempelfassaden und Ehrenbögen) im Zustand des 15. Jh. eingefangen haben, sind nicht nur frühe Zeugnisse für eine aktive Auseinander-

199 Der antike Ehrenbogen für Augustus in Rimini, der für die Frontfassade von Albertis »Tempio Malatestiano« das Vorbild war.

setzung mit der materiellen, baulichen Hinterlassenschaft der Antike. Sie dokumentieren zugleich für die heutige Forschung unwiederbringlich verlorene Bauzustände. Zugleich zeigt sich hier ein erster Impuls, die überkommenen Denkmäler in das Ideengeflecht einer an der Antike orientierten Ideal-Gegenwart mit einzubeziehen – eine Neuerung in der Antikenrezeption, die ihren Höhepunkt im 18. und 19. Jh. fand.

Ein Jahrhundert nach Alberti entwickelte Andrea Palladio (1508–80) aus Padua eine Bauform, die eine perfekte Synthese von Renaissance-Strukturen und Antike bildete. Die Vorstellungen Palladios von antiker Baukunst, die er ebenfalls umfassend in Schriftform dokumentierte (»Vier Bücher zur Architektur«, 1570 publiziert, zunächst auf italienisch, bald darauf auch in vielgelesenen Übersetzungen) waren teils theoretisch aus dem Werk Vitruvs, daneben aber auch zunehmend aus einer unmittelbaren Auseinandersetzung mit den erhaltenen römischen Ruinen abgeleitet. Sein 1554 publiziertes Buch »Die Römischen Altertümer« blieb in seiner Genauigkeit über 100 Jahre lang unübertroffen.

Wie schon Alberti unterliefen aber auch Palladio viele Irrtümer über Details antiker Formen. Während Alberti mit seinem nur kleinen gebauten Œuvre weitgehend Theoretiker blieb, errichtete Palladio zahlreiche Bauwerke, vor allem

200 Zeichnungen wie die des Augustusbogens in Arles, Frankreich, von Jean Gertraux aus dem 16. Jh. haben heute besonderen dokumentarischen Wert. Das antike Monument wurde im 17. Jh. abgerissen und ist heute spurlos verschwunden.

201 Villen wie diese für Giorgio Cornaro bei Treviso baute Andrea Palladio im 16. Jh. in Norditalien in großer Zahl. Die ein- oder zweigeschossigen Fassaden waren mit Säulenstellungen versehen, wie Palladio sie für authentisch antik hielt.

Villen in Norditalien. Seine markante Synthese galt bis ins 18. Jh. hinein als die allein verbindliche Form antikisierender Architektur. Außerhalb Italiens waren es besonders englische Architekten wie Inigo Jones (1573–1652) und der Earl of Burlington (1694–1753), die Palladios Bauformen intensiv kopierten und verbreiteten. Erst durch ein neuerliches Studium der antiken Bauvorbilder wurden der Palladianismus und der Neo-Palladianismus der Zeit nach 1700 im späten 18. Jh. endgültig überwunden.

anti-monarchistisches Konzept für gegenwärtiges politisches Handeln, das seine Folgen besonders in Frankreich und den nordamerikanischen Kolonien Englands haben sollte.

Die französische Aufklärung, aber auch die amerikanische Unabhängigkeitsbewegung griffen außer auf die englische Staatsphilosophie des 17. Jh. in hohem Maße auch auf römisch-republikanisches Staatsverständnis zurück.

202 Römische Antike als Siegesdenkmal: Der »Arc de Triomphe de Caroussel« wurde 1806–08 zur Feier der napoleonischen Siege in Paris nahe dem Louvre errichtet. Er ist dem antiken Ehrenbogen für Septimius Severus auf dem Forum Romanum nachgebildet.

Baron Charles de Montesquieu, als Schriftsteller und Philosoph eine bedeutende Figur im Vorfeld der Französischen Revolution, legte 1734 mit seinen »Betrachtungen über die Größe Roms und die Gründe seines Niedergangs« das Fundament für eine politische Alternative zum Ancien Regime der absolutistischen Monarchen. Mit seinen Forderungen nach Gewaltenteilung und nach einem Staat, der sich nicht nur als politischer, sondern auch als sozialer, wirtschaftlicher, rechtlicher und moralischer Faktor mit entsprechender Verantwortlichkeit begreift, entstand unter Einbeziehung antik-republikanischer Ideale erstmals die Vision einer Demokratie neuzeitlichen Typs.

Daß die amerikanische Staatsvorstellung insgesamt wie auch einzelne Staatsorgane bis heute stark von der römischen Republik geprägt sind, lag nicht nur an dem intensiven Einfluß der französischen Aufklärung und ihrer philosophischen Grundlagen auf die amerikanische Sezession von der englischen Krone, sondern auch an den zahlreichen diplomatischen Kontakten und persönlichen Verbindungen zwischen Vertretern der jungen amerikanischen Republik und des französischen Staats. So weilten mit Benjamin Franklin und Thomas Jefferson zwei herausragende

Protagonisten der amerikanischen Unabhängigkeit über mehrere Jahre als Gesandte in Paris und kamen dort mit jenem vorrevolutionären Esprit in Berührung, der alle Gesellschaftsschichten wie ein Fieber erfaßt hatte.

So erstaunt es wenig, daß etwa Jeffersons Organisationsgesetz der Nordwest-Territorien von 1787 genauso wie die von ihm ein Jahrzehnt zuvor formulierte amerikanische Unabhängigkeitserklärung von 1776 tief in den Ideen der römischen Republik verwurzelt waren, die nach Jeffersons Ansicht besonders für einen agrarisch ausgerichteten Flächenstaat Vorbildcharakter hatten. Bis heute werden die USA formal von einem »Senat« regiert, der in einem »Kapitol« residiert; das Wappentier – der Weißkopf-Seeadler – ist zwar eine heimische Spezies, die Ikonographie jedoch dem römischen Jupiter-Adler nachempfunden. Zahlreiche amerikanische Münzen zeigen römische *fasces* (die Rutenbündel der Lictoren) oder Blitzsymbole und sind bis heute auch in ihrer Bildauffassung von denen des antiken Rom beeinflußt.

203 Gipsmodell des Richmond State Capitol, 1785–89 in Anlehnung an den römischen Podiumstempel von Nîmes in Frankreich erbaut. Thomas Jefferson hat es während seines Frankreichaufenthaltes entworfen und neben Plänen und Aufrissen auch das Modell nach Amerika senden lassen.

Bauten und Bilder dieser Revolutions- und Befreiungsjahre unterstützten die politisch-staatsrechtlichen Rückgriffe auf das römische Altertum – dies- und jenseits des Atlantik (**203**). Die französische Malerei war seit der Mitte des 18. Jh. durchdrungen von historischen und mythologischen Themen der römischen Frühzeit, die mit heroisch-revolutionärem Gegenwartsimpetus aufgeladen wurden und so zu Vorbildern politisch-gesellschaftlicher Handlungsmaximen avancierten. Gemälde wie der »Horatier-Schwur« von Jacques Louis David (**197**)waren bei ihrer Ausstellung in den Pariser Salons, manchmal sogar schon während ihrer Anfertigung über Wochen hinweg Stadtgespräch.

Bereits die französische Architektur des Barock hatte sich an Vorbildern des antiken Rom orientiert. Diese Ausrichtung dominierte auch im französischen Klassizismus des späten 18. Jh. immer über eine eher sporadische Verwendung antik-griechischer Baumotive, was zum Großteil auf die Vorbildhaftigkeit der antik-römischen Bauten in Südfrankreich, etwa in Arles, Orange und Nîmes zurückging. Muster römischer Architektur und damit ›Kopiervorlagen‹ waren also im eigenen Land zugegen und bildeten einen wichtigen Bestandteil der nationalen Identität.

Daß ganz überwiegend römisch-kaiserzeitliche und nicht republikanische Bauten zu Vorbildern gerieten, lag in der Natur der Sache, denn frührömische Architektur war und ist selbst in Italien kaum erhalten, kaiserzeitliche Architektur hingegen war durch eine Vielzahl publizierter Zeichnungen und Skizzen bis in kleinste Details hinein weithin bekannt. Und so wurde es in Frankreich – wie einst im antiken Rom unter Augustus – schließlich möglich, daß am blutigen Ende des republikanischen Traums sich eine neue Monarchie auch in ihrer baulich-bildlichen Optik als Kontinuum einer Republik tarnen konnte – nun wieder mit caesarisch-imperialer Geste, wie dies etwa die napoleonischen Triumphbögen als Siegesmonumente in Paris und andernorts eindrucksvoll demonstrieren.

204 Die Bibliothek der Universität von Charlottesville, Virginia, nach Plänen von Thomas Jefferson 1817–26 erbaut. Die halbkreisförmige Kuppel ist dem Pantheon in Rom (175) entlehnt.

205 Das Kapitol in Washington, zwischen 1793 und 1864 in drei Bauphasen errichtet, kombiniert Architekturelemente der römischen Antike, der Renaissance und des französischen Klassizismus.

Die klassizistische Architektur Amerikas des späten 18. und 19. Jh. ist oft mit dem Schlagwort »Greek Revival« etikettiert und damit zum Bestandteil eines an der griechischen Antike orientierten Klassizismus deklariert worden. Tatsächlich aber ist sie eine Mischung von Elementen aus der griechischen wie römischen Antike sowie aus der Renaissance und dem französischen Klassizismus. Seine ideologische Initialzündung erhielt dieser Klassizismus durch Thomas Jefferson, der nicht nur Staatsmann und Agrarökonom war, sondern als Architekt dem neuen Staatswesen auch eine prägnante Architektur geben sollte. Sein Frankreichaufenthalt konfrontierte ihn mit zahlreichen Architekten und ihren Bauten ebenso wie mit den berühmten antik-römischen Ruinen der Provence, und so entwickelte Jefferson ein an diesen Vorbildern orientiertes architektonisches Design, das Elemente der römischen Antike wie etwa bestimmte korinthische Säulen- und Gebälkformen, den Typus des römischen Podiumstempels oder die halbrunde Kuppel des Pantheon mit Formen des französischen Klassizismus verschmolz. Seinen eigenen Besitz in Monticello, Virginia, stattete er ebenso mit einer solchermaßen programmatischen Architektur aus wie die von ihm gegründete »University of Virginia« in Charlottesville (**204**). Das von Jefferson entworfene Kapitol von Richmond, Virginia, geriet fast zur Kopie des berühmten römischen Podiumstempel aus Nîmes in Südfrankreich; für die Errichtung dieses ersten repräsentativen öffentlichen amerikanischen Staatsbaus ließ er, noch zu Gast in Frankreich, ein Gipsmodell (**203**) und die Bauzeichnungen per Kurier über den Atlantik bringen. Auch das unter Jeffersons politischer Verantwortung begonnene Kapitol in Washington (**205**)

206 »Heimkehr der Deutschen aus der Schlacht im Teutoburger Wald«, Holzstich nach einem Gemälde von Paul Thumann, 1890. Darstellungen wie diese formten mittels einer wagnerianischen Szenerie aus dem Cheruskerfürsten Arminius den Ur-Deutschen Hermann. Berlin, Sammlung Preußischer Kulturbesitz.

entwickelte sich in mehreren Bauphasen zu einer massigen Konglomerat-Architektur aus verschiedenen Stilelementen, wie sie für die amerikanische Baukunst typisch wurde und bei der die römisch-antiken Formen ein durchgehendes Ostinato bildeten, das bis heute immer wieder aufscheint.

Das antike Rom und die Idee vom »Deutschen« im Wilhelminismus

Eine Betrachtung über den Stellenwert der römischen Antike im Deutschen Reich 1871 – 1914 sowie in den Jahrzehnten vor der Reichsgründung führt direkt in ein kompliziertes Szenario, in dem die Antike insgesamt als humanistisches Vorbild, in Teilen aber auch negativ gesehen wird und in dem sich diese scheinbare Uneinheitlichkeit mit Vorstellungen von Deutschtum und Nation zu einem kompakten ideologischen Gemenge verdichtet. Die zur Norm erhobenen ästhetischen Züge des Altertums sind in dieser Zeit mit dem antiken Griechenland verknüpft. Griechische Architektur, Plastik und Philosophie waren das Rückgrat des schöngeistigen Ideals. Die materielle Hinterlassenschaft der römischen Antike wurde zunehmend zu einem zweitklassigen

207 Siegfried als prototypischer Deutscher: Diese Selbstsicht vom überlegenen Germanen wurde bis in die Antike zurückprojiziert. Szene aus dem Fritz-Lang-Film »Siegfried« von 1924.

Faktor. In dieser Situation entstand das Negativ-Image von der römischen Kultur als einer dekadenten, uneigenständigen Verfallsepoche innerhalb einer abendländischen Zivilisation, die mit der griechischen Klassik ihren eigentlichen Höhepunkt hatte – ein Image, von dem in diesem Buch immer wieder die Rede war.

Zugleich blieb die römische Antike aber ein bedeutender Faktor für das kulturelle Selbstverständnis der deutschen Nation – zunächst als Folie für die ›Erfindung‹ des Deutschen. Nationalgeschichte und -identität wurden bis in die Antike zurückprojiziert, die Germanen wandelten sich in diesem Wunschbild zu Ur-Deutschen, und römische Texte wie die *Germania* des Tacitus oder Caesars *bellum gallicum* wurden zu unfreiwilligen Kronzeugen solcher Geschichtsklitterung, ja sogar für die ersten zwanghaften Fabulierungen über eine arisch-germanische Rasse. Ideologen wie der nach Deutschland eingebürgerte Houston Stewart Chamberlain, Schwiegersohn Richard Wagners, dessen Werk »Die Grundlagen des 19. Jahrhunderts« von 1899 ebenso unter Verweis auf Tacitus eine prä-faschistische, antisemitische Rassen-Theorie begründete wie zuvor schon Graf Gobineau mit seinem »Versuch über die Ungleichheit der Menschenracen« (1853/55), wurden zu Exponenten einer Blut-und-Boden-Mythologie, in der antik-germanische Elemente mit dem ›nordischen‹ Sagenkreis verschmolzen wurden.

Zu einem Höhepunkt deutscher Geschichte geriet vor diesem Hintergrund der Sieg des Cherusker-Fürsten Arminius, der 9 n. Chr. den Legionen des Varus nahe dem Teutoburger Wald eine verheerende Niederlage beibrachte. Aus dem in Rom erzogenen und dort in den Ritterstand erhobenen

208 Der Geldschein über 1000 Reichsmark von 1910 greift für die allegorische Szene auf der Rückseite auf Bildmotive des römischen Kaiserreichs zurück. Personifikationen von Gebieten und Tugenden waren ein gängiges Thema auf antik-römischen Münzen und Reliefs.

Arminius wurde Hermann, der Befreier Germaniens, der in zahlreichen Gemälden und zeichnerischen Rekonstruktionen der Hermanns-Schlacht im späten 19. Jh. (**206**) zu einer siegfriedhaften Heldenfigur stilisiert und in einem riesigen Denkmal am damals angenommenen Ort der Schlacht nahe Detmold verewigt wurde.

Zugleich jedoch, und dies macht das Bild insgesamt so diffus, war die römische Antike auch Vorbild. Das deutsche Kaisertum sah sich weiterhin in der Tradition antiker Imperatoren. Die zahlreichen Reiterstandbilder deutscher Kaiser waren in diesem Sinne einem erprobten antiken Schema vom Herrscherbild entlehnt, wie dies etwa das berühmte Bronzebildnis des Mark Aurel auf dem Kapitol in Rom beispielhaft repräsentierte. Und auch die unzähligen, meist nach 1871 entstandenen Monumentaldenkmäler dieser Jahrzehnte haben vielfach durchdachte Rückbezüge zur römisch-imperialen Kunst. Die allegorische Symbolik des Kaiserreichs benutzte ebenfalls antik-römische Bildformeln, wie dies etwa die Gestalt der »Germania« zeigt. Als Briefmarke wurde sie im Kaiserreich allgegenwärtig, und als triumphierend gen Frankreich gewandte Monumentalplastik auf hohem Sockel stand sie seit 1883 im Niederwald bei Rüdesheim (**209**): ganz in der Art der römischen Personifikationen von Gebieten oder Tugenden, wie sie sich auf Münzen, aber auch auf offiziellen Staatsreliefs des kaiserzeitlichen Rom in unendlicher Wiederholung fanden.

209 Aus Bronze, 11 m hoch, auf 25 m hohem Sockel, triumphierend gen Westen blickend: die Germania des Niederwald-Nationaldenkmals bei Rüdesheim. Das 1877–83 von J. Schilling erbaute Monument greift in Stil, Allegorik und Motivik auf die antik-römische Bildsprache zurück.

Vor allem aber gab es das antike Rom im eigenen Land, und hier ließen sich die beiden widersprüchlichen Bezüge zur römischen Antike – Vorbild für den Staat mit seinen Symbolen und historischer Gegenspieler des ›Deutschen‹ – in einem irrationalen Akt zu einer Einheit zusammenführen, ein Bild, das durch vielgelesene Romane wie Felix Dahns »Ein Kampf um Rom« von 1878 unterstützt wurde. Die jahrhundertelange römische Präsenz zwischen Rhein und Donau hatte viele Fundplätze hinterlassen, die in diesen Jahren mit den immer weiter verfeinerten Methoden archäologischer Ausgrabung erforscht wurden. Besonders zahlreich fanden sich Überreste von Limeskastellen, und darin wiederum mannigfach Zeugnisse der hochstehenden römischen Militärtechnik, ein Fundgut, das ganz im Trend dieser waffenstarrenden Zeit lag. So erstaunt es nicht, daß die Saalburg, ein römisches Kastell bei Bad Homburg, auf kaiserlichen Befehl hin wiederaufgebaut und zwischen 1898 und 1907 zu einem Freilicht-Museum hergerichtet wurde. Militaria in großer Zahl aus dem Legionärsleben waren hier rekonstruiert, eine noch heute zu besichtigende, martialische Schau.

Die heimatkundliche Ausrichtung der Römer-Forschung in Deutschland wandelte sich in den Dekaden zwischen 1870 und 1900 von einem Hobby interessierter Amateure zu einer regelrechten provinzialrömischen Spezialwissenschaft mit einem ganz eigenen Kulturverständnis und Erkenntnisinteresse. Altertumsvereine, Verbände und staatliche Organisationen wie z. B. die »Reichslimescommission« und die »Römisch-Germanische Kommission« entstanden und bildeten einen Rahmen, der mit dazu beitrug, aus einer rassistischen Germanenideologie und den technisch-zivilisatorischen Errungenschaften der römischen Antike eine komplexe nationale Wurzel zu formen, eine künstlich geschaffene deutsche Identität, die später im Rassenwahn der Nationalsozialisten kulminierte.

210 Fachleute im Gespräch: der deutsche Archäologe Theodor Wiegand (1864–1936) und Kaiser Wilhelm II. (1859–1941) 1917 in Istanbul. Wilhelm II. war begeisterter Archäologe und verfaßte verschiedene Abhandlungen, u. a. seine »Erinnerungen an Korfu« und die »Studien zur Gorgo« (gedruckt im Exil 1924 und 1936).

Antike, Moderne und Diktatur: Das römische Altertum in Faschismus und Nationalsozialismus

Auch die europäischen Diktatoren des 20. Jh. fanden in der imperialen Komponente der römischen Antike ideale Anknüpfungspunkte zur Legitimierung ihrer Machtausübung und ebenso ideale Vorbilder für eigene bauliche oder bildliche Artikulation. Wie ein Geschenk des Himmels mußte es Benito Mussolini, seit seinem faschistischen Staatsstreich von 1925 italienischer Diktator mit fast unumschränkter Machtfülle, vorgekommen sein, daß sich am 29. September 1937 der 2000. Geburtstag des Augustus jährte. Schon Jahre vorher begann man mit den aufwendigen Vorbereitungen für dieses Ereignis, das mit mehrwöchigen Feierlichkeiten begangen werden sollte, denn in kaum überbietbarer Weise schien dieser Anlaß geeignet, die gespaltene Nation im Glanz ihrer historischen Größe zu vereinen und zugleich Mussolini als traditionsbewußten Imperator zu präsentieren, der Staat und Gesellschaft in ein neuerliches »Goldenes Zeitalter« führen konnte (**211**).

211 Benito Mussolini nimmt auf der neuerbauten Prachtstraße vor antiker Kulisse eine Parade ab. Deckblatt der Wochenzeitschrift »Domenica del Corriere« vom 4.–10. Juni 1939.

In ganz Italien und auch in den militärisch besetzten Gebieten Afrikas und des Balkans begannen unter diesen Vorzeichen ungeheure Ausgrabungsanstrengungen, die indessen nicht als selbstlose Forschungsförderung des italienischen Staates verstanden werden dürfen, sondern in hohem Maße politisch-ideologisch funktionalisiert waren. Die römische Antike trat wie im Zeitraffer aus der Erde. Als steinerner Verweis auf historische Kontinuität legitimierte sie Italiens nordafrikanische Gebietsansprüche. Zugleich entstand in ihr eine grandiose Kulisse für faschistische Machtinszenierungen.

Halb Rom wurde umgebaut: Eine breite Prachtstraße fräste man als schnurgerade Verbindung zwischen Piazza Venezia und Kolosseum mitten durch Roms hügelige Innenstadt. Die dabei entlang dieser Achse zutage tretenden antiken Kaiserforen bildeten eine sinnfällige Staffage für prunkvolle Parteiaufzüge und stellten zudem eine unmittelbare Beziehung zwischen Mussolini und den ›großen‹ Herrschern Caesar, Augustus und Trajan her, den einstigen Bauherren dieser Anlagen. Die Pläne, in die Ruinen ein »Foro Fascista«, ein ›Mussolini-Forum‹ hineinzubauen, blieben unrealisiert. Über die Einweihung des ausgegrabenen Caesar-Forums schrieb die römische Monatszeitschrift »Capitolium« im April 1933: »Und jetzt erhebt Eure Sinne! Rom hat eines seiner erhabensten Monumente wiedergefunden, vielleicht das erhabenste schlechthin, weil es den Namen Julius Caesars trägt, des größten Mannes der lateinischen Welt, die vollendetste Personifikation des Römertums. In Rom geboren, von römischem Blut – mehr als ein Mensch ... An diesem Tag stand Benito Mussolini lange vor der Statue Caesars und grüßte sie auf römische Art.«

Staatssymbole wie der römische Legionsadler erlebten ebenso eine Renaissance wie antike Begriffe. In Anlehnung an das *mare nostrum* wurde das Mittelmeer erneut zum *Mare Nostro*, und viele Orte wurden wieder mit ihren antiken Namen

212 Mietshaus in Rom, Via Sannio, in den 1920er Jahren errichtet. Vorbilder solcher Architektur waren die antiken Mietshäuser in Ostia (**80**, **81**).

5. Jh. – heute

versehen. Ein Geschenk des Himmels war auch die Ara Pacis, der große Friedensaltar des Augustus (**64**), der bei Bauarbeiten entdeckt, geborgen und in der Nähe des Augustusmausoleums am Tiberufer wiedererrichtet wurde. Krönung der 2000-Jahr-Feierlichkeiten war schließlich eine international vielbeachtete Ausstellung, die die augusteische Epoche, aber auch das ›neue Rom‹ Mussolinis feierte.

213 Das für die Weltausstellung 1942 bebaute Gelände außerhalb von Rom hat vielfache Bezüge zu Architekturformen und Stadtplanungen der römischen Antike. Mittelpunkt des Komplexes ist heute das Museo della Civiltà Romana mit dem großen Modell der antiken Stadt Rom.

Die Verwendung römischer Antike beschränkte sich im faschistischen Italien jedoch nicht nur auf solch kulissenhafte Inszenierung von erhaltenen, neu ausgegrabenen, umgestalteten oder restaurierten Denkmälern. Auch zeitgenössische Architektur wurde mit Antike verknüpft. In Rom entstanden Mietshäuser (**212**), die den antiken Hochhäusern aus Ostia (s. S. 64–66) nachgestaltet waren. Für die geplante, dann aber nicht realisierte Weltausstellung von 1942 wurde zwischen Rom und Ostia ein moderner Architekturkomplex erbaut, der in seiner Gesamtanlage wie auch in seinen

»Das Römische Reich entsteht wieder
Die Stunde des Adlers hat geschlagen
Trompetenstöße begrüßen seinen Flug
Vom Kapitol zum Quirinal
Erde, wir wollen Dich beherrschen
Meer, wir wollen Dich befahren
Das Liktorat kehrt wieder als Zeichen
Von Kraft und Zivilisation.«

»Marsch der Legionen«, 1926. Text von Vittorio Bravetta, »Benito Mussolini, dem Standartenführer von Rom« gewidmet

einzelnen Bauformen eine beabsichtigte Entsprechung zu den antiken Kaiserforen in Rom bildete (**213**).

Wie sehr diese modernen Gebäude und ihr Arrangement als ›antik‹ aufgefaßt werden können, zeigt sich u.a. daran, daß sie mehrfach als Kulissen für Historienfilme mit antiken Themen dienten. Und gänzlich einzigartig war die Synthese von Klassischer Moderne (die die Antike als Vorbild eigentlich programmatisch ablehnte) und Architekturvorstellungen des Alten Rom, wie sie die Vereinigung »Gruppo 7« um Giuseppe Terragni realisieren konnte: Die »Casa del Fascio« in Como z.B., 1932–36 als Hauptquartier der faschistischen Partei in Form eines transparenten Kubus nach Art des Bauhaus errichtet, basierte auf einer in mehreren Traktaten ausführlich begründeten Sicht der Antike, die auf Vitruv und dessen Ideen von *firmitas*, *utilitas* und *venustas* (Haltbarkeit, Nützlichkeit, Anmut) als den Kernkriterien von Architektur zurückgriff und ihnen in modernisierter Form auch in der Gegenwart Gültigkeit verschaffen wollte (**214**).

214 Die »Casa del Fascio«, das Hauptquartier der faschistischen Partei in Como, sollte ein Beispiel der Übertragung antiker Bauideen auf moderne Architekturformen bilden. Durch den Standort gegenüber des barocken Doms wird ein wirkungsvoller Kontrast zwischen Alt und Neu erzeugt.

War der Einfluß des antiken Rom auf das faschistische Italien von umfassender, alle Lebensbereiche durchdringender Dominanz, so ist der deutsche Nationalsozialismus, wiederum von Staatssymbolen wie etwa dem Reichsadler abgesehen, in seinem Erscheinungsbild geprägt von einer komplexen Mischung aus germanisch-nordischer Mythologie und antik-griechischen Bild- und Bauformen, die zu einem kruden Gespinst von einer ›arischen Elite-Kultur‹ verknüpft wurden. Nur zum kleineren Teil finden sich hier Bezugnahmen auf das römische Altertum.

In Anlehnung an antike wie auch neuzeitlich-monarchische Vorbilder sollte der Straßenzug Unter den Linden in Berlin zu einer großen Nord-Süd-Achse erweitert werden. Ein riesiger, dem römischen Pantheon nachgestalteter Kuppelbau, die »Halle des Volkes« mit Platz für fast 200 000 Personen, einem Durchmesser von 140 m und einer Höhe von 220 m, sollte über diese Prachtstraße mit einem nicht minder gigantischen, das Brandenburger Tor überspannenden Triumphbogen verbunden werden. Dieses Vorhaben blieb Utopie, doch haben sich Modelle des Architekten Albert Speer (**215**) ebenso erhalten wie Entwurfsskizzen des Triumphbogens von Hitlers Hand (**216**).

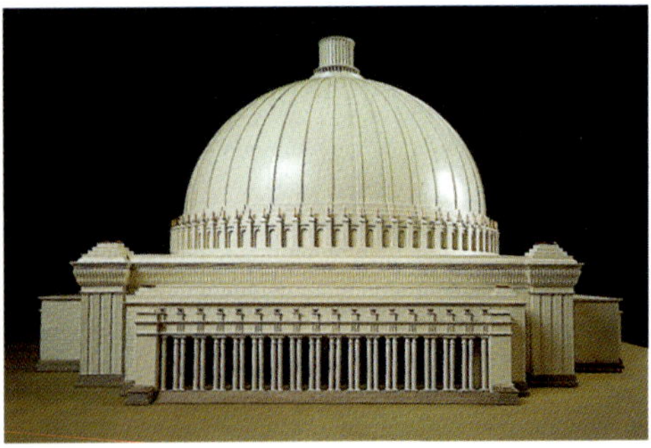

215 Die »Große Halle des Volkes«, die in Berlin errichtet werden sollte. Modell des Architekten Albert Speer, 1936/38.

Von herausragender Bedeutung blieben neben solchen ›römischen‹ Bauprojekten die Relikte Roms auf eigenem Terrain. Wie schon zur Zeit des Kaiserreichs blieben sie heimatkundlicher Bestandteil einer konstruierten, die Gegensätze zwischen Römern und Germanen schönredenden Nationalidentität. Die Ausgrabungen von Carnuntum, dem »Pompeji vor den Toren Wiens« bei Petronell an der Donau, wurden nach dem Anschluß Österreichs 1938 fortgesetzt. Für die Einwerbung der nötigen Gelder wurde Hitler ein Prachtband über die bisherige Ausgrabungstätigkeit mit folgender Widmung des Grabungsleiters überreicht: »MEIN FÜHRER, im östlichen Niederdonau liegen die Reste der mächtigen Römerstadt Carnuntum heute noch im Schoß der Erde. Zwei Jahrhunderte Krieg und Frieden zwischen Germanen und Römern führten damals schon zum Austausch der Kulturgüter dieser beiden großen Völker, die jetzt durch die Achse Rom-Berlin für alle Zeiten zusammengeschmiedet wurden. Die Hebung jener Schätze ... wäre ein Werk, würdig der großen Deutschen Nation, deren Lebensraum kein ähnliches Denkmal aufweist. Ihrer Entscheidung, MEIN FÜHRER, sei die Tat vorbehalten.« Hitler reagierte umgehend im Sinne der Archäologen: »Mit dem bewährten Scharfblick des Künstlers erkannte Adolf Hitler

216 Der Triumphbogen im Stil der römischen Antike, der das Brandenburger Tor in Berlin überspannen sollte. Skizze von Adolf Hitler.

im gleichen Augenblick das gewaltige Problem der Erforschung der Stätte, an der einst Germanen und Römer nicht nur in heldenhaftem Kampfe ihre Kräfte maßen, sondern auch in friedlichem Wettstreit die Werte ihres schöpferischen Geistes einander näherbrachten. Und der FÜHRER gab den Befehl: ›Carnuntum wird ausgegraben!‹« (Zitate nach F. Kreuz, »Rätsel um Carnuntum«, 1939, S. 58–59).

»Seitdem der Reichtum Ehre und Macht einbrachte und Ruhm und Herrschaft im Gefolge hatte, begann die moralische Kraft zu erlahmen, Armut als Schande zu gelten, Redlichkeit als Böswilligkeit. Der Reichtum führte bei der Jugend zu Genußsucht, Habgier und Überheblichkeit ... Wozu soll ich Dinge erwähnen, die keiner glaubt, der sie nicht selbst gesehen hat: daß etwa Privatleute Berge abtragen und Meere überbauen lassen? ... Der Trieb zur Unzucht war ebenso schnell eingerissen: Männer geben sich als Weiber her, Weiber bieten ihre Keuschheit jedem gegen Geld feil. Für Leckerbissen durchsucht man die ganze Welt, man schläft, bevor man wirklich müde ist, und Hunger und Durst wartet man nicht ab, sondern nimmt alles genießerisch vorweg.« Der römische Geschichtsschreiber Sallust, der dies um 40 v. Chr. notierte, wurde zu einem der Kronzeugen christlicher Moralisten, die die ganze römische Antike als Inbegriff der Dekadenz verdammten. Diese Kritik an den Zuständen, die im 4. Jh. n. Chr. durch ›Historiker‹ wie Eutropius und Laktanz zu einem vielschichtigen Negativ-Image des antik-römischen Heidentums verdichtet wurden, hat bis in unsere Tage nachgewirkt. Immer wieder wurde der vermeintlich eklatante Verfall von Sitten und Gebräuchen im römischen Reich ebenso beklagt wie auch der himmelweite Unterschied zwischen einer »sittlich reinen« Frühzeit und einer »verdorbenen, degoutanten« Endphase.

Hieraus haben sich Metaphern für das Phänomen der Dekadenz entwickelt, die für unser heutiges, abendländisches Denken konstitutiv geworden sind und die ihre eigene Bild-Tradition entwickelt haben. Dekadent waren zunächst die unmenschlichen Grausamkeiten, wie sie die blutigen Gladiatorenkämpfe und die seit der Spätantike immer aufs neue

217 Bacchanal-Szenen des 16. Jh. wie dieses Gemälde von Tizian (um 1518, Madrid, Prado) mit den sich lässig im Trunk räkelnden Göttern und Helden prägten unzählige ähnliche Mythenbilder. Das hierauf zurückgehende Klischee römischer Dekadenz ist bis heute wirksam.

218 Peter Ustinov als Nero im Film »Quo vadis«. Die Szenerie des müßiggelangweilten Kaisers, der von der Kline aus Politik betreibt inmitten eines Überflusses von Speisen und Getränken, wurde zu einem Synonym für römische Dekadenz.

damit verknüpften Christenverfolgungen repräsentieren. Dekadent war dann der Tafel-Luxus der Oberschicht, ferner sexuelle Perversionen wie Geschlechtsverkehr mit Tieren, Toten und Kindern sowie schließlich die politische Verantwortungslosigkeit überforderter Herrscher gegenüber ihren Untertanen.

Als negatives Gegenbild zum christlichen Ethos erzeugte der in etwa so verstandene Dekadenzbegriff seit dem 18. Jh. ein Bildrepertoire, das folgenreich wurde. Heute geläufige Klischees von römischen Orgien, Gladiatorenspielen, perversen Hinrichtungen, aber auch erotische Anzüglichkeiten wie etwa das laszive Image der Kleopatra sind wie andere Themen der römischen Antike auch in Gemälden dieser Zeit in Szene gesetzt. Diese Gemälde entfalteten dann ihre eigene Wirkung: Sie wurden zu Vorbildern für Theaterkulissen des 19. Jh., diese wiederum zu Impulsgebern für die Szenerien erster Stummfilme um 1910, die dann den großen Hollywood-Filmen der 50er-Jahre wie »Quo Vadis«, »Ben Hur« und »Spartacus« als Visualisierungsmodelle dienten. Die späteren italienischen Antiken-Filme der 60er-Jahren griffen genauso auf diese Images zurück wie Comics à la Asterix.

Eine ganze Traditionskette läßt sich so rekonstruieren, die die heutige Vorstellung von Dekadenz geprägt hat: Peter Ustinov als Nero, der, sich auf einer Kline räkelnd, Weintrauben in den Mund perlen läßt, wirkt wie einem Bacchanal-Bild des 18. Jh. entsprungen und taucht – wenn auch in ironisierter Form – im Asterix-Comic als Bildmotiv des ›Orgien feiernden Römers‹ wieder auf. Wer wollte den Wahrheitsgehalt solcher Bildaussagen angesichts einer derartig dichten, imagebildenden Kette von Rückbezügen heute anzweifeln?

219 In Motiv und Habitus an Peter Ustinovs Nero-Figur orientiert, begegnet Caesar bei »Asterix und Kleopatra« wie generell der ›Orgien feiernde Römer‹. Hier zeigt sich, wie sich ein Klischee durch unendliche Wiederholung in den verschiedensten Medien der unterschiedlichsten Epochen als Vorstellung verfestigen kann.

1430 Erste Erwähnung des »Torso von Belvedere«.
um 1480 Entdeckung der Hadriansvilla bei Tivoli; zahlreiche Statuen werden nach Rom verbracht.
1506 »Laokoon« in Rom gefunden, Einrichtung des Statuenhofes im Belvedere des Vatikan unter Papst Julius II.
1538 Michelangelo stellt die bronzene Reiterstatue des Mark Aurel, bis dahin im Lateran verwahrt, auf dem Kapitolsplatz auf.
1531 Fund des Römerschiffs im Nemi-See; erste Bergungsversuche mit Tauchgeräten (erfolgreiche Bergung nach weiteren gescheiterten Versuchen erst 1928).
1592 Erste Funde im Gebiet von Pompeji (Stollenbau des Domenico Fontana).
1711 Statuen aus dem Theater von Herculaneum gefunden.
1738–66 Bourbonische Ausgrabungen in Herculaneum.
1739 Entdeckung des römischen Aquileia, seit 1872 systematische Grabungen.
1748 Beginn der Ausgrabungen in Pompeji.
seit 1760 Ausgrabungen durch den englischen Gesandten William Hamilton in verschiedenen Nekropolen nahe Neapel; erste

Wenn hier einigen Aspekten der Forschungs- und Entdeckungsgeschichte des antiken Rom ein eigenes Kapitel vorbehalten bleibt, dann entspricht diese Abtrennung üblichen Konventionen. Doch läßt sich das Nachleben der Antike eigentlich nicht unterteilen in eine Wirkungs- oder Rezeptionsgeschichte auf der einen und eine Wissenschaftsgeschichte auf der anderen Seite. Vielmehr ist die wissenschaftlich-forschende Auseinandersetzung mit Antike ein spezieller Aspekt von Wirkung der Antike, nicht aber etwas sachlich-systematisch davon Abzutrennendes. Um die Darstellung nicht zu verkomplizieren, sei hier aber dennoch dieser Konvention gefolgt.

Die Überlieferungsgeschichte des römischen Altertums

Die Überlieferungsgeschichte der römischen Antike unterscheidet sich von derjenigen Griechenlands grundlegend. Nach der osmanischen Eroberung des Byzantinerreiches geriet Griechenland mit seiner Antike aus europäisch-westlicher Sicht derart in eine Randlage, daß es zwar als eine literarische Größe zu allen Zeiten präsent war, die materiellen Relikte jedoch fast vollständig der Vergessenheit anheimfielen. Die römische Antike hingegen war nie verschollen oder untergegangen, sondern zu allen Zeiten auch mit ihren Denkmälern gegenwärtig. Auch wenn das Verhältnis der Zeitgenossen zu diesen Resten bisweilen ausgesprochen pragmatischer Natur war (s. S. 130ff.), so bildete sich dennoch bereits in der Frührenaissance ein Kunstideal aus, das antik-römische Skulptur oder Malerei zu zeitlos gültigen, ästhetischen Vorbildern erhob.

Damit einher gingen erste Forschungen und Ausgrabungen, die aber noch überwiegend Zufallsprodukte und nicht das Ergebnis systematischer Aktivitäten waren. Baumaßnahmen in Rom brachten immer wieder Baureste und auch Skulpturen zu Tage. So fanden sich im späten 15. Jh. in der Nähe des Kolosseums verschüttete Ruinen der schon gegen Ende des 1. Jh. n. Chr. wieder abgerissenen Palastanlage des Nero, deren ornamentale Wandmalereien imitiert wurden und in der italienischen Renaissance weite Verbreitung fanden. Statuen wie der »Torso von Belvedere«, der »Apoll von Belvedere« oder der »Laokoon«, alle um 1500 in Rom entdeckt, führten unter Papst Julius II. zur Einrichtung erster Museumsräume im Vatikan, wo die Plastiken zu den gefeiertsten und gerühmtesten Kunstwerken der Antike aufstiegen.

Die Wiederentdeckung der griechischen Kultur im 18. Jh. setzte vor dem Hintergrund der europäischen Aufklärung, aber auch einer sich verbessernden Zugänglichkeit des Balkan abrupt ein und hatte nachhaltige Auswirkungen auf die Sicht von römischer Kunst. Die schon in der römischen Kunstliteratur, etwa in der *naturalis historia* des Plinius gefeierten griechischen Meisterwerke wurden schlagartig zum alleinigen Gegenstand des Kunstinteresses. Die römische Plastik entpuppte sich bei dieser Suche mehr und mehr als ein Imitat dieser ›eigentlichen‹ antiken Kunst. Immer öfter wurden römische Skulpturen als Kopien griechischer Originalwerke erkannt. Mit den Schriften Johann Joachim Winckelmanns (1717–68), aber auch den Texten Lessings, Herders oder Goethes

220 Am Mittwoch, dem 13. Januar 1506 stieß man bei Grabungen in einem Weinberg nahe den Ruinen der Titus-Thermen in Rom »in sechs Ellen Tiefe auf eine wunderbare Marmorstatue in einem unterirdischen Gewölbe«: den »Laokoon«. Das Foto zeigt die jüngste und korrekte Rekonstruktion von 1960. Der angewinkelte Arm wurde erst 1905 entdeckt.

massenhafte Funde griechischer Vasen.

1827–44 Entdeckung der etruskischen Nekropolen von Tarquinia, Vulci, Cerveteri und Chiusi; Entdekkung der etruskischen Kultur.

1831 Alexander-Mosaik in Pompeji entdeckt.

1859 Entdeckung der Calixtus-Katakombe in Rom.

1861–69 Freilegung der Kaiserpaläste auf dem Palatin in Rom.

1863 Statue des Augustus (»Augustus von Primaporta«) bei Rom gefunden.

seit 1877 Ausgrabungen in Trier.

1884 Bronzestatuen des »Boxers« und des »Thermenherrschers« gefunden; heute im Thermenmuseum in Rom.

1885–1903 Ausgrabungen in Kempten.

1892–1902 Systematische Erforschung des Limes durch die kaiserliche Reichslimescommission.

1899–1904 Ausgrabung des Römerlagers bei Haltern; erste Beobachtung von Erdverfärbungen und ihre Deutung als Überreste von Pfosten- und Palisadenreihen.

1905 Beginn der Ausgrabungen des Lagers Vetera bei Xanten; seit 1934 Grabungen in der Colonia Ulpia Traiana.

seit 1908 Ausgrabungen in Ostia bei Rom.

zur antiken Kunst erlangte diese negative Sicht von römischer Kunst als profane, pure Hilfe zum Erlebnis der gesuchten griechischen Kunst einen folgenreichen Durchbruch. Das bis heute nachwirkende Image von der Unselbständigkeit und Zweitklassigkeit, vom Surrogatcharakter römischer Kunst hat in dieser Zeit seine Wurzel.

221 Das Gewölbe der Loggien in der Villa Madama in Rom wurde 1500 mit Grotesken-Ornamenten verziert, die antiken Malereien aus dem kurz zuvor entdeckten Haus des Nero nachgeahmt waren.

Wichtige Bestandteile der Überlieferungsgeschichte der römischen Antike waren schließlich die Untersuchungen an römischen Bauten, besonders aber die Veröffentlichungen von Maßen, Proportionen, akribischen Detailzeichnungen, Rissen und Rekonstruktionen in z. T. aufwendig gedruckten Folio-Werken. Hier zeigt sich der enge Zusammenhang zwischen Rezeptions- und Wissenschaftsgeschichte, denn diese forschenden Bemühungen um die römische Architektur entsprangen allesamt dem Wunsch, antike Baukunst nicht nur in Form und Technik zu studieren, sondern sie als Kopien in neue Bauzusammenhänge einzufügen – ein nicht-wissenschaftliches Anliegen also, das hier zum Motor von Wissenschaft wurde. Palladios »Buch über die römischen Altertümer« (»Le antichità di Roma«, 1554) bildete einen Meilenstein, und spätestens mit Antoine Desgodetz' Publikation über die antiken Bauten Roms von 1682 und den Berichten und Zeichnungen englischer Expeditionen über die römischen Ruinen von Palmyra (1753) und Baalbek (1757) gab es so exakte Architekturstudien, daß es möglich wurde, sie andernorts nach solchen Vorlagen nachzubauen.

Die zahlreichen Entdeckungen der Zeit um 1800, vor allem diejenigen in Griechenland, führten zu einem stetigen Anwachsen von altertumskundlich-antiquarischen Bestandsaufnahmen und Forschungen. Forderungen nach einer »Gesamtdarstellung« des Altertums überlagerten sich dabei mit einer voranschreitenden Spezialisierung in einzelne Wissenschaftszweige wie etwa Philologie, Inschriftenkunde oder Archäologie. Auch wenn das Interesse an Griechenland übermächtig war, so blieb doch Rom das organisatorische Zentrum der Altertumswissenschaften, nicht zuletzt wegen seiner komfortablen Infrastruktur. Hier entstand aus einer 1823 gegründeten privaten Gesellschaft das Deutsche Archäologische Institut, das 1857 preußische Staatsanstalt wurde und seitdem mit seinen Dependancen immer eine Staatseinrichtung mit auch diplomatischer Mission blieb. Ziel dieses Instituts war ein archivarisches Sammeln und Veröffentlichen von Denkmälern der griechischen und römischen Antike.

Seither haben zahlreiche Ausgrabungen das Bild vom antiken Rom erweitert und präzisiert, allerdings – bis in die jüngste Vergangenheit – vorwiegend solche Ausgrabungen, die tatsächlich »römische« Antike suchten, also Ausgrabungen an Orten in Italien oder den Provinzen, die historisch von Rom vereinnahmt waren. Ganz anders die Erforschung von Plätzen, die historisch »griechischen« Ursprungs waren. Auch diese Orte waren oft bis in die römische oder byzantinische Zeit besiedelt und von entsprechend massiven Fundschichten dieser Epochen überlagert. Doch hat

222 Ausgrabungen in Rom am Castor-Tempel: Meterdicke Schichten, entstanden durch Überschwemmungen und Erosion der Hügel, mußten entfernt werden, um das antike Bodenniveau zu erreichen. Kolorierter Stich von R. Bridgens, 1821.

223 Zeichnung vom Kapitell des Pantheons in Rom, aus Antoine Desgodetz, »Edifices antiques de Rome« von 1682. Solche maßgenauen Zeichnungen waren Grundlage für den Nachbau antiker Architektur seit dem späten 17. Jh.

man auf der Suche nach Griechenland dieses Fundmaterial eher als Hemmnis begriffen, es nur selten genauer dokumentiert und bisweilen sogar gänzlich weggeworfen. Daß man heute auch die ›römische‹ Geschichte eines ›griechischen‹ Heiligtums wie Olympia genauer kennt, ist ein Verdienst erst allerjüngster Forschungen.

224 Karl von Bourbon, der 1734–59 das Königreich Neapel regierte, förderte Ausgrabungen in Herculaneum und Pompeji zum Wohl seiner Herrschaft. Gemälde von Francisco Goya. Madrid, Prado.

Eine Kultur wird ausgegraben: Die Entdeckung von Pompeji und Herculaneum

In erheblichem Maße sind die Vorstellungen vom antiken Rom, von der römischen Kultur mit den Ausgrabungen der 79 n. Chr. vom Vesuv verschütteten Städte Herculaneum und Pompeji verknüpft. Bis zur Wiederentdeckung und Ausgrabung dieser Städte war die römische Antike in eher zufälligen und kaum aufeinander bezogenen Ausschnitten überliefert worden – besonders Skulpturen, Münzen und Gemmen mit ihrem Kunstcharakter und ihrer leichten Transportierbarkeit spielten hier eine Rolle. Was sich unter den meterdicken Lava- und Ascheschichten des Vesuvs fand, war indessen mit all diesen Einzelfunden nicht vergleichbar: Eine ganze Welt lag hier verborgen, die urplötzlich vom Leben zum Tode befördert worden war. Und so prägten diese Ausgrabungen in ganz besonderer Weise das Bild von der römischen Alltagskultur: nicht Kunst gab es hier zu entdecken (auch wenn man zunächst bevorzugt danach suchte), sondern die Reste des antiken Lebens in einer ganz unermeßlichen Vielfalt und bis dahin ungekannten Vollständigkeit. Und wieder wurde die Antike zum Vorbild. Mit jeder neuen Publikation von Funden aus den Vesuvstädten entstand ein neuer Modeschub: Ob Ornamente, Wandmalerei, Mosaik-Motive oder Gefäßdekorationen – vieles davon fand Eingang in das zeitgenössische Kunstgewerbe des 18. und 19. Jh.

Die Ausgrabungsgeschichte der Vesuvstädte begann schon bald, nachdem sich der Rauch des

Vulkans gelegt hatte. Die geflüchteten Bewohner versuchten auf verschiedenste Weisen, an ihre verschüttete Habe zu gelangen. Eine kaiserliche Kommission schützte die Überlebenden vor Plünderern und half, Stollen zu graben, um Opfer und Besitz zu bergen. Trotzdem kam es schon in der Antike auch zu umfangreichen Beutezügen. Als 1592 der Architekt Domenico Fontana für den Bau einer Wasserleitung einen unterirdischen Stollen quer durch das Stadtgebiet von Pompeji trieb, gab es nur noch vage Erinnerungen an die antike Naturkatastrophe und an den genauen Ort des Geschehens. Zwar fanden sich bei diesem Stollenbau und auch bei weiteren Erdarbeiten im Verlauf des 17. Jh. immer wieder Gegenstände und sogar Inschriften, was aber nicht zu einer Identifizierung des Ortes und zu weiteren, systematischeren Nachforschungen führte.

Erst ein neuer Zufall setzte dann die Kette von Ausgrabungen in Gang: 1711 fanden sich bei Baumaßnahmen für das Bourbonen-Schloß bei Portici nahe Neapel erste Skulpturen sowie Reste von Architektur, die zum Theater des antiken Herculaneum gehörten. Umfangreiche Ausgrabungen begannen hier aber erst zwischen 1738 und 1766 und nach erneuten Zufallsfunden ab 1748 dann auch in Pompeji (wobei man Pompeji zunächst für das ebenfalls 79 n. Chr. untergegangene Stabiae hielt). Diese bourbonischen

225 Das Ausgrabungsgelände von Herculaneum um 1810 als Touristenattraktion. Radierung von François Benoist.

226 Das Ausgrabungsgelände von Pompeji um 1810 als Touristenattraktion: herrschaftliches Publikum im »Haus des tragischen Dichters«. Aquarell von François Benoist.

Ausgrabungen waren nun, wie die Archäologin Agnes Allroggen-Bedel kürzlich dokumentiert hat, mitnichten ein Akt von Wissenschaft, sondern Bestandteil des königlich-höfischen Prunks: Bergung, museale Präsentation und Dokumentation der Funde waren ein staatspolitischer Akt, vollzogen von Hofbeamten und nicht von Forschern. Unter äußerster Geheimhaltung und vielen Gefahren wurde gegraben. Austretendes Methan-Gas und die immer wieder einbrechenden Schächte und Stollen machten die Grabungen von Herculaneum zu einem bisweilen tödlichen Abenteuer. Alles, was irgendwie beweglich war, entfernte man vom Fundort und brachte es in das extra dafür eingerichtete Museo Ercolanese von Portici. Nicht Entfernbares wurde z. T. mutwillig zerstört, damit es später nicht in andere Hände fallen konnte. Im Museum wurden die Fundstücke bis zu ihrer Publikation nur einer ausgewählten, möglichst wenig fachkompetenten Öffentlichkeit vorgeführt; veröffentlicht wurden die Funde in den aufwendig hergestellten, aber schon damals wissenschaftlich rückständigen Prachtbänden der »Antichità di Ercolaneo« (acht Bände, 1757–92). Im Museum herrschte Schreib- und Zeichenverbot, und die Besucher wurden in kleinen Gruppen regelrecht durch die Sammlung getrieben, um keine Gelegenheit zu bekommen, sich unveröffentlichte Gegenstände genauer einzuprägen. Dennoch entstanden unter diesen Umständen, die von Goethe, Winckelmann und anderen heftig beklagt wurden, erstaunlich exakte Gedächtniszeichnungen einzelner Exponate.

Im Jahr 1766 wurden die Grabungen in Herculaneum gänzlich aufgegeben; zum alleinigen Zielpunkt wurde nun Pompeji, das von einer relativ dünnen Ascheschicht und nicht, wie Herculaneum, meterhoch von steinerner Lava verschüttet war. 1806–15 begann man mit großflächigen Freilegungen, die bald zur Attraktion wurden. Für prominente Gäste inszenierte man sogar Entdeckungen, indem man kurz vor ihrem Erscheinen Gegenstände vergrub und sie dann »zufällig« in ihrem Beisein fand.

Mit der Übernahme der Grabungsleitung durch Giuseppe Fiorelli 1860 traten die Ausgrabungen in ein wissenschaftliches Stadium. Fiorelli teilte die Stadt in Regionen, *Insulae* (Blöcke) und Häuser ein – ein Schema, das noch heute genutzt wird. Er begriff Pompeji als ein Freilichtmuseum, beließ deshalb nach Möglichkeit alle Funde am Ort und versuchte sogar, die Gärten einzelner Häuser wiederherzustellen. Nur besonders wertvolle oder witterungsempfindliche Fundstücke wurden in das neugegründete Nationalmuseum von Neapel verbracht.

Neueste Ausgrabungstechniken wurden nun eingesetzt: So wurde z. B. hier erstmalig das Verfahren erprobt, vergangene Gegenstände oder Körper durch das Ausgießen ihrer im Erdreich erhalten gebliebenen Aushöhlungen mit Gips wiederzugewinnen. Spektakulär waren die 1863 entstandenen Gipsformen von Toten – zunächst unscheinbare Hohlräume in der Lava verwandelten sich zu gipsernen, im Todeskampf erstarrten Menschen. Und minutiöse Beobachtungen konnten kleinste Einzelheiten aus dem Alltag festhalten: die Reste eines kleinen Korbes mit Brot ebenso wie verkohlte Bohnen und Zwiebeln in einer Küche.

In den Jahren zwischen 1860 und 1940 wurden erhebliche Teile Pompejis ausgegraben, ein Sachverhalt, der jedoch aus heutiger Sicht nicht

227 Leichen aus Gips: Abgüsse von Opfern des Vesuvausbruchs in Fundlage.

Johann Caspar Goethe, der Vater von Johann Wolfgang von Goethe, schrieb über seinen Besuch im Museo Ercolanese in Portici: »Schon vor der Thronbesteigung des jetzigen Königs (hatte man) einige Entdekkungen gemacht und zahlreiche Dinge aufgefunden; seitdem er König ist, ist man aber durch ernsthafte Nachforschungen auf die gesamte Stadt (Herculaneum) mit ihren zahlreichen seltenen und kostbaren Dingen gestoßen, die nun in einem großen Saal in Portici ausgestellt und verwahrt werden. Man kann sie dort besichtigen, nur dürfen keine Zeichnungen davon gefertigt werden, da sich der König oder der Minister den Ruhm vorbehalten will, sie ... stechen zu lassen und sie dadurch der Öffentlichkeit und der gelehrten Welt zu übergeben.« (Brief vom 10. April 1740)

nur einen Vorteil für den Besucher darstellt. Zwar läßt sich letztlich nur mit Hilfe einer solch großflächigen Freilegung der Eindruck von Besiedlungsdichte, Infrastruktur, dem öffentlichen, wirtschaftlichen und privaten Leben in einer römischen Stadt nacherleben, doch haben sich auch erhebliche denkmalschützerische Probleme angesammelt. In jahrelanger mühseliger Tätigkeit wurde der in fast 100 Jahren angehäufte Grabungsschutt, der in großen Hügeln im Gelände verteilt lag und weitere Arbeiten unmöglich machte, seit 1954 beseitigt. Viel zu wenig Geld für immer wieder nötige Restaurierungsmaßnahmen, für Wächter und für den Rückschnitt des Bewuchses steht zur Verfügung, so daß das ausgegrabene, mittlerweile in vielen Teilen für die Öffentlichkeit abgesperrte Pompeji heute seinen zweiten Untergang erlebt. Es ist ein Glück, daß einige Areale unausgegraben geblieben sind und wenigstens ein kleines Stück Pompeji auch zukünftigen Generationen erhalten bleiben wird.

Zwischen Fortschritt und Phantasie: Experimentelle und nachbildende Archäologie

In den letzten Jahren ist die antik-römische Kultur vermehrt Gegenstand einer »experimentellen Archäologie« geworden – einer Technik zur Erkenntnisgewinnung, deren Ziel die komplette, authentische Rekonstruktion und damit der praktische Nachvollzug bestimmter Ausschnitte des antiken Lebens ist. Zunächst im Kontext der vergleichsweise ›praxisorientierten‹ Vor- und Frühgeschichte entstanden, sind diese Verfahrensweisen zunehmend auch in der Klassischen Archäologie angewandt worden. Immer war ihnen dabei ein hohes Maß an öffentlicher Aufmerksamkeit sicher, und oft haben sich – jenseits des damit verbundenen Spektakels – aus solchen Methoden auch wichtige Aufschlüsse über die Antike oder aber Impulse zu ihrer Vermittlung ergeben.

Diese »experimentelle Archäologie« hat an sich uralte Wurzeln: Bereits in Mittelalter und früher Neuzeit befaßte man sich ausführlich mit dem Nachvollzug antik-römischer Technologie. Bau- und Ingenieurstechniken zur Errichtung von Wasserleitungen oder Brücken waren ebenso Gegenstand einer solchen Beschäftigung mit der Antike wie die verschiedensten, in den Schriften von Cato, Columella und Agricola überlieferten Landwirtschafts- oder Bergbautechniken. Betrieben wurde solche Erprobung antiker Technik jedoch nicht mit dem forscherischen Ziel eines besseren Verständnisses, sondern aus den Bedürfnissen der Verbesserung der damaligen, gegenüber dem antiken Rom technisch rückständigen Lebensgegenwart heraus.

Erst seit wenigen Jahrzehnten sind Simulation und Nachvollzug auch um der wissenschaftlichen Erkenntnis willen durchgeführt worden; die zahlreichen Funde über das römische Alltagsleben in den verschütteten Vesuvstädten und in den akribisch ausgegrabenen Militärlagern nördlich der Alpen boten hierfür eine gute Grundlage. Ein erstrangiger Gegenstand des experimentellen Nachvollzugs war der militärische Bereich. Schon im 19. Jh. versuchte man, Geschütze nachzubauen, um Treffsicherheit oder Durchschlagskraft zu ermitteln. Einen Höhepunkt haben diese Forschungen mit den praktischen Erprobungen des Archäologen Marcus Junkelmann erreicht, der zahlreiche Aspekte des römischen Legionärslebens, darunter Kampftechniken und -taktiken, Marschgeschwindigkeiten, Reitweisen oder Details der Ausrüstung in einer spektakulären Testreihe nachvollzogen hat.

Viele antik-römische Techniken ließen sich überhaupt erst mittels Experiment verstehen. Ein Beispiel dafür ist das komplizierte Stapel- und Belüftungsverfahren, das die Töpfereien bei der Beladung des Brennofens und für den eigentlichen

228 Römischer Kavallerist des 1. Jh. n. Chr. in Gefechtsausrüstung. Rekonstruktion.

Brand der ziegelroten »Terra Sigillata« (107) anwendeten. Und auch die antik-römische Metallverarbeitung und die Münzprägung sind ebenso praktisch erprobt worden wie verschiedene, in der antiken Literatur überlieferte Baustoffe und Konstruktionsverfahren oder Navigations- und Schiffbautechniken.

Immer wieder Gegenstand des Experiments war auch die römische Küche. Mühlen wurden ebenso getestet wie die Funktionsweise antiker Backöfen. Mit Hilfe erhaltener römischer Kochrezepte, aber auch an Hand archäologischer Funde hat man des öfteren, sogar in kommerzieller Absicht, versucht, den heutigen Menschen antik-römische Kost schmackhaft zu machen, deren Markenzeichen der alles überlagernde, modrig-scharfe Hautgout des *garum*, einer Sauce aus vergorenem Fisch, ist. Die Taverne in der Herberge im Archäologischen Park Xanten serviert auf Wunsch römische Mahlzeiten (jedoch in einer dem modernen Gaumen angepaßten Version).

Viele Rekonstruktionen von Antike, die in den letzten Jahren entstanden, sind jedoch nicht oder nur zum geringeren Teil Produkte eines experimentellen Nachvollzugs antiker Verfahren mit dem Ziel eines verbesserten Verständnisses. Mindestens ebenso häufig sind auch Versuche, dem modernen Besucher die Antike in modellhafter Form zu vermitteln. Doch hierbei gerät die Objektivität, die der experimentellen Archäologie als einem Trial-and-error-Verfahren innewohnt, bisweilen außer Kontrolle: Archäologische Parks wie die von Xanten oder Kempten mit ihren Teil- oder Komplettrekonstruktionen wirken wie

229 Rekonstruierte Antike: das Burginatium-Tor im Archäologischen Park Xanten.

Präparate, die in ihrer künstlichen Versteinerung Architekturgeschichte als statischen Zustand und nicht als dynamischen Prozeß von Aufbau, Erhaltung, Umbau und Verfall schildern. Den eigentlichen Abdruck von zeitlich-historischer Dimension an einem Baudenkmal bilden Entstehungs-, Veränderungs- und Verfallsgeschichte eines Gebäudes als Ereigniskette, nicht sein ›eingefrorener‹ Idealzustand.

230 Essen wie im Alten Rom: rekonstruierter Speisesaal in der Herberge im Archäologischen Park Xanten.

Anstelle eines Fazits: Die römische Antike aus der Sicht der heutigen Altertumswissenschaft

Die römische Antike und die Altertumswissenschaft – diese über weite Strecken unglückliche Liebe hat bis heute kein vollständiges Happy-End gefunden. Auch wenn der römischen Antike auf dem Felde der Ausgrabungswissenschaft mittlerweile Gerechtigkeit widerfahren und eine Gleichwertigkeit mit anderen antiken Epochen hergestellt ist, auch wenn sie heute in vielerlei Hinsicht Forschungsschwerpunkt der Altertumswissenschaft ist und in ihrer ganzen kulturgeschichtlichen Breite in den Museen präsentiert wird, so bleibt, wenn auch in subtiler Form, ein Rest ihres alten Negativ-Images bis in die Gegenwart virulent.

Seit den späten 1960er Jahren ist römisch-kaiserzeitliche Kunst in besonderem Maße Forschungsgegenstand einer Archäologie geworden, die als Disziplin infolge der Reformbestrebungen an den deutschen Universitäten mit dem Zwang konfrontiert wurde, sich neu zu definieren. An die Stelle einer kontemplativen Kunstbetrachtung im Elfenbeinturm, wie sie in den 1950er Jahren ihren Höhepunkt erreicht hatte, trat der Primat der »gesellschaftlichen Relevanz«. So sehr diese Veränderung des Fachverständnisses begrüßt und weitergeführt werden muß und es gerade heute um so nötiger erscheint, der Altertumswissenschaft einen profunden Gegenwartsbezug zu verleihen, so darf dennoch nicht übersehen werden, daß die hieraus resultierende Art der Beschäftigung mit der antik-römischen Kunst in verhängnisvoller Weise auch dazu beigetragen hat, dieses Ansinnen zu trivialisieren.

War Kunst einmal als Medium der Politik, als Mittel herrscherlicher Selbstdarstellung oder – im Sinne der marxistischen Terminologie – als von »Basis-Phänomenen« dominierter Teil des gesellschaftlichen »Überbaus« erkannt, schien gerade die antik-römische Staatskunst der Kaiserzeit in idealer Weise geeignet, dies zu demonstrieren. Hier fügte sich alles stimmig zusammen zu einer Einheit von Kunst und Macht. Der Reliefschmuck des Trajansbogens von Benevent (**231**) formte sich in der Hand der Archäologen zu einem Monument mit allegorischer, detail- und anspielungsreicher Bildsprache, feinen stilistischen Nuancen, zahlreichen bildhaften Hinweisen auf historische Ereignisse und Zusammenhänge, kurz: zu einem schlüssig lesbaren und sogar graphisch darstellbaren Programm von politischen Maßnahmen und Ansprüchen, bei dem der Kaiser als allmächtiger Herrscher auch über die Bilder alle Fäden in der Hand hielt. Zum programmatischen Ausdruck eines herrscherlichen oder – bei anderem Auftraggeber – bürgerlich-aristokratischen Selbstverständnisses gerieten auch Statuenzyklen in Villen ebenso wie prunkvolle Kameen, Wandmalereien, ja ganze Mediengattungen wie Architektur und Literatur.

Es ist unbestreitbar, daß solche Sichtweisen tatsächlich antike Realitäten widerspiegeln und einen wahren Kern treffen. Doch ist die Idee von einer ›politisierten‹ römischen Staats- oder Oberschichtskunst nur vordergründig das Ergebnis einer Überwindung alter Werturteile. Das gedankliche Modell eines omnipotenten, alles bestimmenden

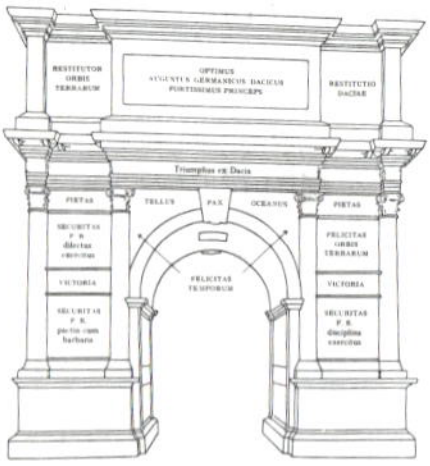

231 Der Trajansbogen von Benevent als Träger eines kaiserlichen Bildprogramms. Skizze des Archäologen Klaus Fittschen, 1972.

15. Jh. – heute

Kaisers ist aus soziologischer wie aus historischer Sicht in seiner Reduziertheit beinahe rührend schlicht. Die geschichtliche Wirklichkeit war vermutlich selbst in der totalitärsten Monarchie erheblich komplexer. Sogar in solchen Konstellationen gab es mehr als einen Akteur und mehr als eine zentrale Staatsautorität.

232 Köln, Römisch-Germanisches Museum: die römische Kultur als Exponat. Während sich in den letzten Jahren Kaufhäuser wie Museen stilisieren, vollzogen Museen den umgekehrten Trend und präsentieren ihre Objekte wie ein Warenangebot.

Einseitig ist auch das Verständnis von einer solchen Kunstvorstellung: Die Monumente werden, wie der Archäologe Burkhard Fehr in einer Bestandsaufnahme dieser Probleme kritisch konstatierte, allein als Botschaft eines Auftraggebers aufgefaßt, ohne die Frage nach den Verständnisvoraussetzungen des Publikums zu stellen, an das diese Botschaften adressiert waren. Schließlich begründete sich auf einer solchen Sichtweise erst recht und aufs neue der kardinale Unterschied zwischen römischer und griechischer Kunst: Römische Kunst stand nun als Propagandakunst, als profan-politische Gebrauchskunst neben dem griechischen Kunstideal, das im Kontrast hierzu in noch gesteigerter Form als sublimer Ausfluß einer hochstehenden Vergeistigung verstanden wurde. Alle Versuche, auch die griechische Kunst als ein Medium in gesellschaftlichen Prozessen zu verstehen, stießen bis in die 1980er Jahre auf zum Teil strikte Ablehnung.

So wurden die überkommenen Werturteile über das antike Rom in ein modernisiertes Gewand gesteckt und blieben in dieser Verkleidung ebenso existent wie der sachlich wenig adäquate, aber dennoch ewig vollzogene Vergleich der römischen mit der griechischen Kultur – eine eher ernüchternde Bilanz nach 30 Jahren gesellschaftsbezogener Altertumswissenschaft.

Glossar

Ädikula: Kleine, tempelähnliche Architektur; Nische mit Säulen und Giebel.

Aedil: Verwaltungsbeamter in den Städten, der u. a. für Polizei, Marktaufsicht, Verkehr und Getreideversorgung verantwortlich war. In Rom Gehilfe der Volkstribunen; →Tribun.

Ager publicus: Das nicht individuell zugeteilte Staatsland in Rom und den Provinzen.

Annalistik: Offizielle Geschichtsschreibung der römischen Antike.

Auxiliar-Truppen: Die Hilfstruppen des Heeres, meist aus Soldaten ohne Bürgerrecht bestehend.

Basilika: Auf private Initiative hin errichteter, nach dem Stifter benannter Bau für die Öffentlichkeit in Rom; für merkantile und juristische Zwecke. Später Grundform der frühchristlichen Kirchenbauten.

Canabae: Zivilsiedlung bei einem Militärlager.

Cardo: Die X-Achse im römische Vermessungswesen; Hauptstraße im römischen Lager oder der Stadt; →*Decumanus.*

Censor: Römischer Beamter, meist ein ehemaliger Konsul. Verantwortlich für die Aufstellung der Bürgerlisten und die Einteilung der Bürger in den Tribus; als Amt seit 351 v. Chr. auch den Plebejern zugänglich.

Centuriatio: Römische Landvermessung.

Chora: Das wirtschaftlich und politisch zugehörige Umland einer griechischen →Polis.

Clientes: Die Schutzbefohlenen eines wohlhabenden Römers der Oberschicht; von lat. *cluere* = gehorchen.

Collegium: Übliche Organisationsform von Berufsverbänden, Kultgemeinschaften. Bezeichnung für den Verein im antiken Rom.

Colonia: Stadt römischen oder latinischen Rechts, juristisch dem →Municipium übergeordnet.

Comitia: Die römischen Heeres-Versammlungen; die Volksversammlung.

Corona civica: Bürgerkrone, in der Republik Zeichen des freien Bürgers, später zum monarchischen Signum umfunktioniert.

Decumanus: Die Y-Achse im römischen Vermessungswesen; die den →Cardo kreuzende Hauptstraße des Lagers oder der Stadt.

Decurio: Ratsherr einer Stadt; Angehöriger des Decurionen-Ordens (= Mitglied der 100 wohlhabendsten Bürger einer Stadt).

Diözese: In der Spätantike eine Verwaltungseinheit, den Provinzen übergeordnet. Im Christentum Bezeichnung für den bischöflichen Sprengel.

Duumvirn; Duoviri: Kollegiales Zweimänner-Gremium, die obersten Beamten einer Stadt mit einjähriger Amtsdauer (einem heutigen Bürgermeister entsprechend).

Epigraphik: Inschriftenkunde, von griechisch *epi grafein* = aufschreiben; Spezialdisziplin der Altertumswissenschaft.

Fasces: Rutenbündel mit Beil; →Lictor.

Fasti: Amts- und Festkalender; Beamtenliste.

Fibel: prunkvolle Gewandnadel.

Forma urbis: Großer, marmorner Stadtplan von Rom, unter Septimius Severus öffentlich im Nerva-Forum ausgestellt; zahlreiche Fragmente erhalten.

Garum: Sauce aus Gewürzen und vergorenem Fisch, die zu fast allen Gerichten gegessen und in großen Amphoren gehandelt wurde.

Groma: Gerät zur Landvermessung.

Imperator: Inhaber des →Imperium; später Ehrentitel siegreicher Feldherren.

Glossar

Imperium: Befehlsgewalt der höchsten Magistraten, Inbegriff der römischen Herrschaft.

Insula: Von Straßen umgrenzter Häuserblock; auch Mietshaus mit mehreren Wohnungen.

Kline: Bett zum Liegen, Schlafen, Essen und Trinken.

Konsul: Höchster Magistrat der Republik; immer mit gleichberechtigtem Amtsgenossen (→Zweimänner-Gremium); die fast komplett erhaltene römische Konsul-Liste ist ein wichtiges Hilfsmittel zur Datierung historischer Ereignisse.

Laren: Schutzgötter des Hauses, der Familie oder der Felder; sie wurden im Lararium, einem Schrein oder einer →Ädikula meist im Atrium des römischen Hauses verehrt, aber auch an Feldgrenzen und Wegkreuzungen.

Legat: Gesandter und Stellvertreter des römischen Senats, später des Kaisers in einer Provinz (Propraetor; Statthalter); seit Augustus auch der Oberbefehlshaber einer →Legion.

Legion: Heeresformation; seit Marius mit einer Sollstärke von 6000 Mann.

Lictor: Amtsdiener der höheren Magistraten in Rom; sie gingen in der Öffentlichkeit mit den *fasces* (Rutenbündel mit Beil) den Beamten voran.

Magistratus: Sammelbezeichnung für öffentliche Ämter und ihre Träger in Rom und den römischen Städten.

Mos majorum: lat. »nach der Sitte der Vorfahren«. Althergebrachter Brauch; in vielen Zusammenhängen ein wichtiges moralisches Argument.

Munera: Leistung oder Verpflichtung, die dem Staat oder der Gemeinde von Bürgern entgegengebracht wurde (zunächst freiwillige, später unter Zwang erfolgte Übernahme von Ämtern, Subventionierungen der Gemeinde etc.).

Municipium: Stadt mit Selbstverwaltung; im Gegensatz zur →Colonia mit beschränktem Bürgerrecht (*cives sine suffragio*; Bürger ohne Stimmrecht).

Nobiles: Die Angehörigen des Adels, der Nobilität.

Nymphaeum: Wasserspendender Brunnenbau im öffentlichen und privaten Bereich; in den kaiserzeitlichen Städten bisweilen mit mehrstöckigen Prunkfassaden ausgestattet.

Oppidum: Lat. Bezeichnung für eine keltische Fluchtburg; städtische Siedlung ohne Rechtsstatus.

Ordo: Stand oder Gruppe in der römischen Gesellschaft; auch die Festlegung der Erbfolge und allgemeine Bezeichnung für Körperschaften (→Decurio).

Pater familias: Oberhaupt einer Sippe mit weitgehenden gesetzlich festgelegten Rechten (*patria potestas*, »väterliche Gewalt«), aber auch Pflichten.

Patrizier: Abkömmlinge der *patres*; die Mitglieder des Gentil-Adels.

Penaten: Römische Hausgötter, z. T. vermengt mit den →Laren.

Peristyl: Säulengerahmter Hof oder Raum.

Personifikationen: Bildliche Darstellung von abstrakten Eigenschaften und politischen, sozialen, geistigen und künstlerischen Sinnbereichen.

Plebejer: Die Masse der römischen Bürger im Gegensatz zu den Patriziern.

Plebs urbana: Die →Plebejer in der Stadt Rom; erst in der Nachantike oft abwertend verwandte Bezeichnung für »Pöbel«.

Podiumstempel: Römischer Tempel auf einem hohen Unterbau, ausgerichtet auf eine breite Fronttreppe (im Gegensatz zum ringsum zugänglichen, mit Säulenstellung versehenen griechischen Tempel).

Polis: Seit dem 7. Jh. v. Chr. der autonome griechische Stadtstaat.

Pomerium: Die auf den Mythos des von Romulus gezogenen Kreises zurückgehende, später markierte Stadtgrenze.

Praetor: Titel der den →Konsuln unterstellten obersten Verwaltungsbeamten der Stadt Rom; in anderen Städten den →Duumvirn unterstellt.

Proconsul: Statthalter einer Provinz; →Legat.

Quaestor: Der für die Finanzverwaltung zuständige Beamte in Rom und den Provinzen.

Ritter: Der *ordo equites*; der zweithöchste Stand der römischen Gesellschaft (→Ordo).

Senat: Rat der Alten (*senes*); die Oberhäupter der patrizischen Familien; höchstes Beratungs- und Beschlußorgan; in der Kaiserzeit de facto weitgehend bedeutungslos. Der höchste Stand (→Ordo) der römischen Gesellschaft.

Socii: Von *socius*, die römischen Bundesgenossen; Verbündete mit juristisch definierten Rechten und Pflichten.

Spolie: Werkstück eines Bauwerks, das für einen älteren Bau geschaffen wurde.

Substruktion: Massives Podium, Fundament römischer Bauwerke; wurde oft als ein Zeichen für die Überwindung der Natur durch die Kultur verstanden.

Suburbs: Dicht besiedelter, mit Hochhäusern bebauter Teil der Stadt Rom.

Toga: Römisches Gewand; auch Statuszeichen des freien Bürgers.

Tribun: Römischer Beamter; seit dem 5. Jh. v. Chr. der Vertreter der →Plebejer mit Veto-Recht. Seit der späten Republik als Amt bedeutungslos, aber der Besitz der »tribunizischen Gewalt« (*tribunicia potestas*) blieb immer ein wichtiges Moment der Herrschaftslegitimation römischer Kaiser. Im Heer der römischen Republik die sechs höchsten, abwechselnd kommandierenden Offiziere.

Tropaion: Am Ort eines militärischen Sieges demonstrativ aufgerichteter Haufen aus vom Gegner erbeuteten Waffen und Kriegsgerät.

Veteran: Ausgedienter Soldat mit Anspruch auf Versorgung.

Vicus: Dorf, Marktflecken, Weiler. Siedlung an einem Kreuzweg, ohne Stadtrechte.

Villa: Luxuriöser Wohnsitz auf dem Land.

Zweimänner-Gremium: Antikes Prinzip zur Verhinderung von Despotie: Wichtige Ämter und Funktionen wurden von einem kollegialen Gremium aus zwei Personen besetzt.

Kurzer Überblick über die Geschichte der römischen Antike

10. Jh. v. Chr. Älteste Siedlungsreste in Rom

753 v. Chr. Mythische Gründung Roms (nach Varro)

616–510 v. Chr. Königsherrschaft in Rom

510/509 v. Chr. Vertreibung der Könige; Beginn der republikanischen Verfassung; Beginn der Konsul-Listen mit Brutus als erstem Konsul

494 v. Chr. Beginn der Ständekämpfe zwischen Plebejern und patrizischem Adel; allmähliche Aufwertung des Rechtsstatus der Plebejer (Volkstribunat)

450 v. Chr. Zwölftafel-Gesetz; Etablierung der in fünf Vermögensklassen gegliederten Heeresversammlung (= Volksversammlung)

396 v. Chr. Rom erobert die Etruskerstadt Veji und mutiert vom Stadtstaat zum Territorialstaat

387 v. Chr. Römische Niederlage gegen die Kelten; Eroberung Roms durch keltische Truppen (*vae victis!*, »wehe den Besiegten!«)

366 v. Chr. Zulassung der Plebejer zum Konsulat

Historischer Überblick

343–341 v. Chr. 1. Krieg gegen die Samniten

340–338 v. Chr. Krieg gegen die Latiner

326–304 v. Chr. 2. Krieg gegen die Samniten

298–290 v. Chr. 3. Krieg gegen die Samniten; Kriege gegen Etrusker und Kelten

287 v. Chr. *Lex Hortensia*: Beschlüsse der von Volkstribunen geleiteten Plebejer-Versammlung werden von den Patriziern als rechtsverbindlich anerkannt; Ende der Ständekämpfe

285–282 v. Chr. Krieg gegen Kelten und Etrusker

282 v. Chr. Krieg gegen Tarent, gegen König Pyrrhus von Epirus, gegen Samniten und Lucaner

264–241 v. Chr. 1. Punischer Krieg gegen Karthago; Eroberung Siziliens

225–222 v. Chr. Kriege gegen die Kelten in Oberitalien

218–201 v. Chr. 2. Punischer Krieg gegen Karthago; Hannibal überquert die Alpen (218), siegt bei Cannae (216 v. Chr.) und marschiert auf Rom (*Hannibal ante portas*; »Hannibal vor den Toren!«, 211); Sieg Scipios bei Zama gegen Hannibal (202/201 v. Chr.)

171–168 v. Chr. 3. Makedonischer Krieg gegen König Perseus; Eroberung Griechenlands nach der Schlacht von Pydna (168 v. Chr.)

148–146 v. Chr. Aufstände in Griechenland; Belagerung und Zerstörung von Korinth (146 v. Chr.)

146 v. Chr. 3. Punischer Krieg; Zerstörung Karthagos

133 v. Chr. König Attalos von Pergamon vererbt sein Reich Rom

107–100 v. Chr. Konsulate des Marius; Heeresreform

91–89 v. Chr. Aufstand der italischen Bundesgenossen (»Bundesgenossenkrieg«), die danach römisches Bürgerrecht erhalten

82–79 v. Chr. Diktatur des Sulla

60 v. Chr. 1. Triumvirat (Pompejus, Caesar, Crassus)

58–51 v. Chr. Caesar erobert Gallien

49 v. Chr. Bürgerkrieg zwischen Caesar und Pompejus; Caesar überschreitet den Rubicon (*alea iacta est*; »die Würfel sind gefallen«). Niederlage des Pompejus bei Pharsalos in Mittelgriechenland

45 v. Chr. Caesar wird Diktator auf Lebenszeit

44 v. Chr. Ermordung Caesars

43/42 v. Chr. 2. Triumvirat (Antonius, Octavian/Augustus, Lepidus); Sieg über die Caesarmörder bei Philippi

31 v. Chr. Sieg Octavians/Augustus über Antonius in der Seeschlacht bei Actium

27 v. Chr. Der Senat verleiht Octavian den Ehrentitel Augustus; Ende der Republik und Beginn der Kaiserzeit

15 v. Chr. Eroberung von Raetien und Noricum

12 v.–9 n. Chr. Feldzüge gegen Illyrer, Pannonier und Germanen; Niederlage des Varus (9 n. Chr.) und Absicherung der Rheingrenze

14–68 Tod des Augustus (14 n. Chr.), julisch-claudische Kaiserdynastie

43 Eroberung Britanniens

62 Erdbeben in Pompeji

68/69 Vierkaiserjahr: Galba, Vitellius, Otho, Vespasian

69 Bataver-Aufstand in Germanien; Zerstörung zahlreicher Kastelle

69–96 Flavische Dynastie

70 Eroberung und Plünderung von Jerusalem durch Titus

79 Vesuv-Ausbruch; Untergang von Pompeji, Herculaneum und Stabiae

83–85 Chatten-Kriege; Baubeginn des germanischen Limes

96–180 Adoptivkaiser

101–106 1. und 2. Dakerkrieg Trajans; Einrichtung der Provinz Dacia

114–117 Partherkriege; vertragliche Festle-

gung der Ostgrenze entlang des Euphrat
132–135 Jüdischer Aufstand
167–180 1. und 2. Markomannenkrieg unter Mark Aurel; Sicherung der Donaulinie als Grenze
180–193 Beginn der Zeit der ›Soldatenkaiser‹
193–235 Severer-Dynastie
212 Verleihung des römischen Bürgerrechts an alle Bewohner der Provinzen
235–285 Soldatenkaiser; politische, militärische, soziale und wirtschaftliche Krise des Reichs
254 Zusammenbruch der Rhein- und Donaugrenze
259/260 Aufgabe des obergermanisch-raetischen Limes
260–273 Abspaltung des Königreichs Palmyra unter Odainathos und Zenobia
261–274 Sonderreich des Postumus und des Tetricius in Gallien
270/271 Aufgabe der Provinz Dacia
284–305 1. Tetrarchie (Diokletian, Maximian, Constantius, Galerius); Wiederherstellung der politischen und militärischen Strukturen; Reformpolitik
287–294 Sonderreich des Carausius und Allectus in Britannien
305/306 2. Tetrarchie (Constantius, Galerius, Maxentius, Constantin)
311 Toleranzedikt; das Christentum wird zur legalen Religion
312 Sieg Constantins an der Milvischen Brücke gegen Maxentius; Übertritt Constantins zum Christentum
324 Constantin besiegt Licinius; Alleinherrschaft Constantins
325 Konzil von Nicäa; das Christentum wird Staatsreligion
330 Feierliche Einweihung Konstantinopels als neue Hauptstadt
361–363 Julian Apostata; Versuch einer Re-Institutionalisierung der heidnischen Kulte
375/376 Die Hunnen überrennen das ostgotische Reich
391/392 Verbot heidnischer Gottesdienste; erste Heiden-Pogrome
395 Tod des Theodosius; Teilung in ein West- und ein Oströmisches Reich
401–429 Völkerwanderungen von Westgoten, Alanen, Vandalen, Sueben, Sachsen
402 Der weströmische Hof nach Ravenna verlegt
410 Westgoten unter Alarich erobern Rom
451/452 Schlacht auf den Katalaunischen Feldern; Hunneninvasion in Italien
455 Plünderung Roms durch die Vandalen
476 Romulus Augustulus wird als Kaiser des Westreichs abgesetzt; Ende des weströmischen Reiches
482–511 Entstehung des Frankenreichs unter der Regentschaft des Chlodwig
488/489 Ostgoten in Italien
490–493 Schlacht um Ravenna zwischen Theoderich und Odoakar; Ermordung Odoakars
526 Theoderich stirbt in Ravenna
527–567 Regentschaft Justinians; Versuch der Wiederherstellung eines einheitlichen römischen Reiches
529 Justinian schließt die Akademie in Athen; Plünderungen heidnischer Tempel; Heiden-Pogrome
537 Hagia Sophia eingeweiht, 558: Kuppel eingestürzt
567 Tod Justinians

Liste römischer Kaiser

27 v. Chr. – 14 n. Chr.	Augustus
14–37	Tiberius
37–41	Caligula
41–54	Claudius
54–68	Nero
68/69	Galba, Otho, Vitellius
69–79	Vespasian
79–81	Titus
81–96	Domitian
96–98	Nerva
98–117	Trajan
117–138	Hadrian
138–161	Antoninus Pius
161–180	Mark Aurel
180–192	Commodus
193	Pertinax, Didius Julianus
193–197	Clodius Albinus
193–194	Pescennius Niger
193–211	Septimius Severus
198–217	Caracalla
217–218	Macrinus
218–222	Elagabal
222–235	Alexander Severus
235–238	Maximinus Thrax
238	Gordian I., Gordian II., Balbinus, Pupienus
238–244	Gordian III.
244–249	Philippus Arabs
249–251	Decius
251	Herennius, Hostilianus
251–253	Trebonianus Gallus, Volusianus
253	Aemilianus
253–260	Valerian
260/261	Ingenuus, Regalianus, Quietus, Macrianus
261–262	Aemilianus
260–268	Gallienus
268–270	Claudius Gothicus
270	Quintillus
270–275	Aurelian
275–276	Tacitus
276	Florianus
276–282	Probus
282–283	Carus
283–285	Carinus
283–284	Numerian
284–305	Diokletian (1. Tetrarchie)
305/306	2. Tetrarchie
306–337	Constantin (ab 324 Alleinherrscher)
337–361	Regentschaft der Söhne Konstantins
361–363	Julian (»Apostata«)
363–379	Jovian, Valentinian I., Valens, Gratian, Valentinian II.
379–395	Theodosius

Weströmische Kaiser:

395–423	Honorius
423–425	Johannes
425–455	Valentinian III.
457–461	Maiorianus
461–465	Libius Servus
467–472	Anthemius
472	Olybrius
472–474	Glycerius
474–475	Nepos
475–476	Romulus

Oströmische Kaiser:

395–408	Arcadius
408–450	Theodosius II.
450–457	Marcian
457–474	Leo I.
474–491	Zeno
491–518	Anastasius
518–527	Justin I.
527–565	Justinian

Museen und Sammlungen römischer Kunst- und Kulturgeschichte; wichtige archäologische Stätten

Algerien

Timgad: Das antike Thamugadi; gut erhaltene römisch-kaiserzeitliche Stadtanlage

Tebessa: Das antike Theveste; gut erhaltene Koloniestadt mit Bauten des 2. und 3. Jh. n. Chr.

Dänemark:

Kopenhagen: Ny Carlsberg Glyptotek; römische Plastik, berühmte Sammlung römischer Portraits

Deutschland:

Aalen: Limesmuseum; anschauliche Ausstellungen über den germanisch-raetischen Limes

Bad Homburg: Saalburgmuseum in rekonstruiertem Auxiliarkastell; umfangreiche Sammlung römischer Militaria

Bonn: Rheinisches Landesmuseum; Zentralmuseum für provinzialrömische Funde im Rheinland

Haltern: Römisch-Germanisches Museum; Funde und Dokumentation der Ausgrabungsgeschichte des 9 n. Chr. vernichteten Legionslagers

Hannover: Kestner-Museum; gut ausgestellte, sehr umfangreiche Sammlung römischer Münzen
Köln: Römisch-Germanisches Museum; umfassende, in ihrer Präsentation umstrittene Schau der antik-römischen Kulturgeschichte an Hand von Funden aus Köln und der näheren Umgebung. Zahlreiche antike Baureste in der Altstadt
Mainz: Mittelrheinisches Landesmuseum; kunst- und kulturgeschichtliche Sammlung regionaler Funde
Passau: Römermuseum; Funde aus dem Kastell Boiotro
Trier: Rheinisches Landesmuseum; kunst- und kulturgeschichtlich orientierte Sammlung regionaler Funde; zahlreiche Baureste der römischen Stadt Augusta Treverorum, u.a. die Porta Nigra (3. Jh. n. Chr.)
Xanten: Die antike Colonia Ulpia Traiana; Archäologischer Park mit teilrekonstruierten Bauten; Museum auf dem Grabungsgelände; im Ort Regionalmusem mit stadtgeschichtlicher Sammlung

Frankreich
Arles: Das antike Arelate; gut erhaltenes Amphitheater
Lyon: Musée de la Civilisation Gallo-Romaine; gut aufbereitete, kulturgeschichtlich ausgerichtete Sammlung gallischer und römischer Funde
Nimes: Museé Archéologique; Funde aus der Provence. Zudem zahlreiche Reste von Bauten des antiken Nemausus im Gelände
Orange: Das antike Arausio; gut erhaltenes römisches Theater und Ehrenbogen
Paris: Louvre; hochrangige Sammlung römischer Kunst

Griechenland
Athen: Nationalmuseum; umfassender Querschnitt durch das antike Griechenland in griechischer und römischer Zeit. Zahlreiche römische Bauten im antiken Stadtgebiet
Korinth: Archäologisches Museum; zahlreiche Funde aus der nach der Zerstörung von 146 v. Chr. wieder aufgebauten und seit 1950 ausgegrabenen römischen Stadtanlage
Philippi: Spätantik-frühbyzantinische Kirchenstadt mit kleinem Museum
Thessaloniki: Zahlreiche bauliche Überreste der römisch-spätantiken Stadtanlage (Galeriusbogen, Galeriuspalast); bedeutende frühbyzantinische Kirchenbauten
– Archäologisches Museum; guter Überblick über die römisch-spätantike Siedlungsphase
– Museum im ›Weißen Turm‹; stadtgeschichtliche Sammlung, besonders Funde aus byzantinischer Zeit
– Byzantinisches Nationalmuseum; in Aufbau befindliche byzantinisch-kulturgeschichtliche Sammlung aus ganz Griechenland

Großbritannien
Colchester: Das antike Camoludunum mit ausgegrabenem Legionslager und massiver Stadtmauer
Fishbourne: Antiquarium; kleines Museum mit Funden der gut erhaltenen und ausgegrabenen römischen Villa
London: British Museum; hochrangige Exponate der römischen Antike, u. a. der »Esquilin-Schatz« sowie zahlreiche römische Funde aus England; einzigartige Sammlung römischer Münzen
Newcastle: Museum of Antiquities; kunst- und kulturgeschichtlich orientierte Sammlung regionaler Funde

Italien

Arezzo: Museo Archeologico; umfangreiche Sammlung arretinischer Terra Sigillata und gut aufbereitete Darstellung von Produktion und Distribution dieser Keramik

Baiae: Spektakuläre Unterwasserfunde in dem heute unter den Meeresspiegel abgesackten antiken Kurort; Museum mit Funden und Dokumentation der Grabungen

Capua: Reste des antiken Ortes mit gut erhaltenem Amphitheater

Ercolano: Überreste der 79 n. Chr. vom Vesuv verschütteten Stadt Herculaneum

Florenz: Museo Archeologico und Uffizien; herausragende Sammlungen römischer Kunst

Neapel: Museo Archeologico Nazionale; Funde aus den 79 n. Chr. verschütteten Vesuv-Städten; Sammlung unteritalisch-griechischer Vasen

Ostia: Antiquarium mit einer Vielzahl von Funden aus dem Ausgrabungsgelände der antiken Hafenstadt Roms

Paestum: Griechische Stadtanlage in Kampanien mit berühmten dorischen Tempeln; das Museum mit Funden aus Paestum thematisiert die griechische Kolonisation

Palermo: Museo Archeologico Regionale; Zentralmuseum für antike Funde aus Sizilien

Piazza Armerina auf Sizilien; luxuriöse Villenanlage aus der Zeit um 400; zahlreiche Mosaiken noch vor Ort

Pompeji: 79 n. Chr. vom Vesuv verschüttete Stadt; weitläufiges Ausgrabungsgelände

Puteoli: Griechische Koloniestadt am nördlichen Golf von Neapel; umfangreiche römische Baureste, u. a. ein Amphitheater

Ravenna: Museo Nazionale; umfangreiche Sammlung spätantik-westlicher Kunst aus dem Umkreis des Theoderich; zahlreiche Architekturreste dieser Zeit in der Umgebung der Stadt

Rom: Die Stadt ist ein einzigartiges Freilichtmuseum antik-römischer Architektur und Urbanistik
– Musei Capitolini; Palazzo dei Conservatori; Museo Nazionale di Roma (»Thermenmuseum«); Museo Torlonia; Musei Vaticani: Herausragende Sammlungen antik-römischer Kunst
– Villa Giulia; hochkarätige Sammlung etruskischer Kunst
– Museo della Civiltà Romana; unter Mussolini in der EUR errichtete kulturgeschichtliche Sammlung mit großem Modell der antiken Stadt Rom

Jordanien

Petra: Hauptstadt des Nabatäer-Reiches, seit 106 n. Chr. römisch; Felsgräber mit kunstvoll gestalteten Fassaden

Kroatien

Split: Das antike Spalato/Salona; der gesamte Altstadtkern der Stadt ist in die Palastanlage des Diokletian aus dem frühen 4. Jh. n. Chr. eingebaut

Libanon

Baalbek: In der Bekaa-Ebene, das antike Heliopolis; Umfangreiche Überreste von Tempeln und Heiligtümern

Libyen

Lebdah: Das antike Leptis Magna; von Wanderdünen begrabene, gut erhaltene römische Stadtanlage

Makedonien

Stobi: Römische Stadt an der Vardar mit weitläufigem spätantiken Palast und diversen Villen

Museen und Sammlungen

Marokko

Ksar Pharaoun: Das antike Volubilis; gut erhaltete kaiserzeitliche Stadtanlage

Österreich

Klagenfurt: Landesmuseum für Kärnten; kunst- und kulturgeschichtlich orientierte Sammlung regionaler Funde

Petronell: Das antike Carnuntum; rekonstruierende Ausgrabungen der 30er Jahre; kleines Musem

Wien: Ephesos-Museum; instruktive Dokumentation der österreichischen Ephesos-Ausgrabungen mit Schwerpunkt auf der römischen Antike

Schweiz

Augst: Römerhaus und Museum; anschauliche Präsentation von Funden und Geschichte der römischen Provinzhauptstadt Augusta Raurica (Kaiseraugst); eindrucksvolle Ruinen der Stadtanlage

Avenches: Ruinen des antiken Aventicum mit interessant gestaltetem Museum

Brugg: Vindonissa-Museum; Kultur und Geschichte der römischen Siedlung Vindonissa; Ruinen der Siedlung im nahegelegenen Windisch

Zürich: Schweizerisches Landesmuseum; Gesamtschau der römischen Besiedelung der Schweiz

Spanien

Madrid: Museo Arqueológico Nacional und Prado: bedeutende Sammlungen römischer Kunst und regionaler Funde

Mérida: Museo de Arte Romano; Sammlung römischer Kunst aus der Region. Zahlreiche Ruinen des antiken Augusta Emerita in der Umgebung

Tarragona: Museo Arqueológico; kunst- und kulturgeschichtlich orientierte Sammlung regionaler Funde

Syrien

Tadmor: Das antike Palmyra mit gut erhaltenen römischen Bauten, u. a. Baal-Tempel

Tunesien

Dougga: Das antike Thugga; gut erhaltene kaiserzeitliche Stadtanlage

El-Djem: Museé Archéologique; Funde aus der Region, vor allem Mosaiken; bedeutende Überreste des antiken Thysdrus

Sousse: Museé Archéologique; kunst- und kulturgeschichtlich orientierte Sammlung regionaler Funde

Tunis: Musée National du Bardo; Zentralmuseum für römische Funde aus Tunesien

Türkei

Aksu in Pamphylien; das antike Perge; Zahlreiche, gut erhaltene Bauten aus römischer Zeit

Belkis in Pamphylien; das antike Aspendos. Besterhaltenes römisches Theater in Kleinasien

Geyre in Karien; das antike Aphrodisias. Zahlreiche gut erhaltene Bauten der frühen und mittleren Kaiserzeit

Istanbul: Archäologisches Museum; neben zahlreichen römischen Antiken aus der gesamten Türkei anschauliche Sammlung der Stadtgeschichte

Selcuk: Ephesos-Museum; Überblick über die Ausgrabungen von Ephesos

Selimiye in Pamphylien; das antike Side. Zahlreiche, gut erhaltene Bauten aus römischer Zeit

USA

Boston: Museum of Fine Arts; erlesene Auswahl römischer Kunst

Malibu: J. Paul Getty-Musem; hochrangiges Kunstmuseum in einem Nachbau einer römischen Villa

New York: Metropolitan Museum of Art; Kunstmuseum mit zahlreichen antik-römischen Attraktionen

Weiterführende Literatur

Kleine Auswahl weiterführender Literatur

Die Fachliteratur zum antiken Rom ist uferlos und wegen ihrer Spezialisierung als Ganzes selbst für gestandene Altertumswissenschaftler kaum mehr überschaubar. Die hier angeführten Titel ermöglichen eine Vertiefung der angerissenen Themen; sie sind überwiegend auch außerhalb von Spezial- und Forschungsbibliotheken zugänglich.

Allgemeine Literatur

Albrecht, M. v.: Geschichte der römischen Literatur, 2 Bde., Darmstadt ²1994

Alföldy, G.: Römische Sozialgeschichte, Wiesbaden ²1979

Andreae, B.: Römische Kunst, Freiburg 1973

Christ, K.: Die Römer. Eine Einführung in Geschichte und Zivilisation, München 1979

Cunliffe, B.: Rom und sein Weltreich, Bergisch-Gladbach ⁴1994

Friedländer, L.: Darstellungen aus der Sittengeschichte Roms, 4 Bde., Leipzig ¹⁰1922

Kolb, F.: Rom, München 1996

Krautheimer, R.: Rom. Schicksal einer Stadt 312–1305, München ²1996

Martin, J. (Hrsg.): Das antike Rom, Gütersloh 1994

Niemeyer, H. G. und Pörtner, R. (Hrsgg.): Das römische Reich. Die großen Abenteuer der Archäologie Bd. 5, Salzburg 1984

Das kulturelle Umfeld: Griechen, Etrusker und Italiker auf der Apennin-Halbinsel

Ausstellungskatalog Venedig: The Western Greeks, Venedig/London 1996

Ausstellungskatalog Mannheim: Italien vor den Römern, Mannheim/Mainz 1996

Bianchi Bandinelli, R. und Giuliano, R.: Etrusker und Italiker vor der römischen Herrschaft, München 1970

Boardman, J.: The Greeks Overseas, 3. Aufl. Hammondsworth 1980

Cristofani, M.: Die Etrusker, Stuttgart/Zürich 1985

Lomas, K.: Rome and the Western Greeks 350 BC - 200 AD. Conquest and Acculturation in Southern Italy, London 1993

Pallottino, M.: Italien vor der Römerzeit, München 1987

Prayon, F.: Die Etrusker, München 1996

Von Romulus zu Caesar: Die römische Republik

Alföldi, A.: Das frühe Rom und die Latiner, Darmstadt 1977

Bleicken, J.: Geschichte der römischen Republik, München 1982

Brockmeyer, N.: Antike Sklaverei, Darmstadt ²1979

Christ, K., Krise und Untergang der römischen Republik, Darmstadt ³1993

Eder, W. (Hrsg.): Staat und Staatlichkeit in der frühen römischen Republik, Wiesbaden 1990

Gjerstad, E.: Early Rome, 3 Bde., Lund 1953–60

Harris, W. V.: War and Imperialism in Republican Rome, Oxford 1979

Latte, K.: Römische Religionsgeschichte, München 1960

Müller-Karpe, H.: Zur Stadtwerdung Roms, Heidelberg 1962

Schubert, Ch.: Land und Raum in der römischen Republik. Darmstadt 1996

Viereck, H. D. L.: Die römische Flotte. Classis Romana, Herford 1975

Will, W.: Der römische Mob. Soziale Konflikte in der späten Republik, Darmstadt 1991

Staat und Gesellschaft aus der Sicht der Oberschicht

Ausstellungskatalog Berlin: Kaiser Augustus und die verlorene Republik, Mainz 1988

Alföldi, M. R.: Antike Numismatik, Mainz 1978

Bleicken, J.: Verfassungs- und Sozialgeschichte des römischen Kaiserreiches, Paderborn 1978

Drerup, H.: Zum Ausstattungsluxus in der römischen Architektur, Münster ²1981

Förtsch, R.: Archäologischer Kommentar zu den Villen-

briefen des jüngeren Plinius, Mainz 1993
Galinsky, K.: **Augustan Culture**, Princeton 1996
Hölscher, T.: Staatsdenkmal und Publikum, Konstanz 1984
Meyer, C.: Res publica amissa. Eine Studie zur Verfassung und Geschichte der späten Republik, Wiesbaden 1966
Oppermann, M.: Römische Kaiserreliefs, Leipzig 1985
Pekary, Th.: Das römische Herrscherbild in Staat, Kult und Gesellschaft, Berlin 1985
Reutti, F. (Hrsg.): Die römische Villa, Darmstadt 1990
Schindler, W.: Herrscherbild und Imperium, Leipzig 1985
Simon, E.: Augustus, München 1986
Zanker, P.: Augustus und die Macht der Bilder, München [2]1990

Das tägliche Leben in römischen Städten

Andreae, B.: Am Birnbaum. Gärten und Parks im antiken Rom, Mainz 1996
Aubert, J. J.: Business Managers in Ancient Rome, Leiden 1994
Balsdon, D.: Die Frau in der römischen Antike, München 1979
Bettini, M.: Familie und Verwandtschaft im antiken Rom, Frankfurt/Main 1992
Burford, A.: Künstler und Handwerker in Griechenland und Rom, Mainz 1985
Brödner, E.: Wohnen in der Antike, Darmstadt 1989
Golvin, J.-C. und Landes, C.: Amphithéâtres et Gladiateurs, Paris 1990
Graebert, A.: Untersuchungen zum spätrömischen Korporationswesen, Bern 1983
Hönle, A. und Henze, A.: Römische Amphitheater und Stadien, Zürich 1981
Hülsemann, M.: Theater, Kult und bürgerlicher Widerstand im antiken Rom, Frankfurt/Main 1987
Krug, A.: Heilkunst und Heilkult. Medizin in der Antike, München 1985
Marquardt, J.: Das Privatleben der Römer, Darmstadt [3]1990 (= Nachdruck von Leipzig [2]1886)
Neudecker, R.: Die Pracht der Latrine, München 1994
Nielsen, I.: Thermae et Balnea. The Architecture and Cultural History of Roman Public Baths, Aarhus [2]1993
Schneider, H. (Hrsg.): Sozial- und Wirtschaftsgeschichte der römischen Kaiserzeit, Darmstadt 1981
Weeber, K. W.: Panem et Circenses. Massenunterhaltung als Politik im Alten Rom, Mainz 1994
Weeber, K. W.: Alltag im Alten Rom, Zürich 1995
Zanker, P.: Pompeji. Stadtbild und Wohngeschmack, Mainz 1995

Rom und die Provinzen

Adam, J. P.: La construction romaine, 2 Bde., Paris 1984
Baatz, B.: Der römische Limes, Berlin [2]1975
Boochs, W.: Die Finanzverwaltung im Altertum, St. Augustin 1985
Duncan-Jones, R.: The Economy of the Roman Empire, Cambridge 1974
Heimberg, U.: Römische Landvermessung, Stuttgart 1977
Heimberg, U. und Rieche, A.: Colonia Ulpia Traiana. Die römische Stadt, Köln 1986
Heinz, W.: Straßen und Brücken im Römerreich, Antike Welt (Sonder-Nr. 2) 1988
Hesberg, H. v. (Hrsg.): Was ist eigentlich Provinz? Zur Beschreibung eines Bewußtseins, Köln 1995
Hodge, A. T.: Roman Aquaeducts and Water Supply, London 1992
Johnson, A.: Römische Kastelle, Mainz 1987
Landles, J. G.: Die Technik in der antiken Welt, München [4]1989
Lorenz, T.: Römische Städte, Darmstadt 1987
Weeber, K. W.: Smog über Attika. Umweltverhalten in der Antike, Zürich 1990
Wheeler, M.: Der Fernhandel des römischen Reiches, München 1965
Trillmich, W. u.a. (Hrsg.): Hispania Antiqua Bd. 2. Denkmäler der Römerzeit, Mainz 1993

Weiterführende Literatur

Krise und Niedergang

Ausstellungskatalog New York: Age of Spirituality. Late Antiquity and Early Christian Art, New York 1980

Ausstellungskatalog Frankfurt: Spätantike und frühes Christentum, Frankfurt 1984

Ausstellungskatalog Mannheim: Die Franken, Mannheim 1996

Alföldi, A.: Die monarchische Repräsentation im römischen Kaiserreich, Darmstadt [3]1980

Alföldi, A.: Studien zur Geschichte der Weltkrise des 3. Jh. n. Chr., Darmstadt [3]1980

Brenk, B.: Spätantike und frühes Christentum, Frankfurt/M. 1985 (Propyläen Kunstgeschichte Bd. 15)

Brown, P.: Die letzten Heiden, Berlin 1986

Crespi, G.: Die Araber in Europa, Stuttgart [2]1992

Demandt, A.: Die Spätantike, München 1989

Fink, J.: Die römischen Katakomben, Antike Welt 9, 1978 (Sonder-Nr.)

Frank, K. S.: Grundzüge der Geschichte der Alten Kirche, Darmstadt 1993

Guyot, P. und Klein, R. (Hrsgg.): Das frühe Christentum bis zum Ende der Verfolgungen, 2 Bde., Darmstadt 1994

Mango, C.: Byzanz, Stuttgart 1986

Menghin, W.: Die Langobarden. Archäologie und Geschichte, Stuttgart o. J.

Ostrogorsky, G.: Byzantinische Geschichte, München 1952

Raith, W.: Das verlassene Imperium. Über das Aussteigen des römischen Volkes aus der Geschichte, Berlin 1982

Rodley, L.: Byzantine Art and Architecture. An Introduction, Cambridge 1994

Schneider, L.: Die Domäne als Weltbild. Wirkungsstrukturen der spätantiken Bildersprache, Wiesbaden 1983

Stützer, H. A.: Frühchristliche Kunst in Rom, Köln 1991

Webster, G.: The Roman Imperial Army, London [2]1974

Wolfram, H.: Geschichte der Goten von den Anfängen bis zur Mitte des 6. Jh., München 1979

Das Nachleben des antiken Rom in Mittelalter und Neuzeit

Ausstellungskatalog Dortmund: Roma Antica. Römische Ruinen in der italienischen Kunst des 18. Jh., München 1994

Ausstellungskatalog Hamburg: Pompeji an der Alster. Nachleben der Antike um 1800, Hamburg 1995

Ausstellungskatalog London/Barcelona/Berlin: Kunst und Macht im Europa der Diktatoren 1930–1945, London 1996

Bordes, P. und Michel, R.: Aux armes et aux arts! Les arts de la Révolution, 1789–1799, Paris 1988

Canfora, L.: Tacitus und die Wiederentdeckung der alten Germanen, in: ders., Politische Philologie, Stuttgart 1995, S. 9–44

Chaitkin, W.: Roman America, in: Architectural Design 49, 1979, 8–15

Faber, R.: Abendland – ein ›politischer Kampfbegriff‹, Hildesheim 1979

Greenhalgh, M.: The Survival of Roman Antiquities in the Middle Ages, London 1989

Harprath, R. und Wrede, H. (Hrsgg.): Antikenzeichnung und Antikenstudium in Renaissance und Frühbarock, Mainz 1990

Himmelmann, N.: Utopische Vergangenheit. Archäologie und moderne Kultur, Berlin 1976

Köster, B.: Palladio in Amerika. Die Kontinuität klassizistischen Bauens in den USA, München 1990

Preiß, A. und Germer, S. (Hrsgg.): Giuseppe Terragni. Moderne und Faschismus in Italien, München 1991

Puppi, L.: Andrea Palladio, Stuttgart 1972

Rudolf, E.: Pompeji vor den Toren Wiens. Die ›Führergrabung‹ von Carnuntum 1938/40, in: Hephaistos 13, 1995, 187–220

Scobie, A.: Hitler's State Architecture. The Impact of Classical Antiquity, Philadelphia 1990

Scriba, F.: Augustus im Schwarzhemd. Die Mostra Augustea in Rom 1937/38, Frankfurt/Main 1995

Söllner, A.: Einführung in die römische Rechtsgeschichte, München 1989

Solomon, J.: The Ancient World in the Cinema, New York 1978

Das antike Rom und die moderne Altertumswissenschaft

Allroggen-Bedel, A.: Archäologie und Politik. Herculaneum und Pompeji im 18. Jh., in: Hephaistos 14, 1996, 217–252

Canfora, L.: Politische Philologie. Altertumswissenschaften und moderne Staatsideologien, Stuttgart 1995

Fehr, B.: Das Militär als Leitbild. Politische Funktion und gruppenspezifische Wahrnehmung des Trajansforums und der Trajanssäule, in: Hephaistos 7/8, 1985/86, 39–60

Gerlach, G.: Colonia Ulpia Traiana. Essen und Trinken in römischer Zeit, Köln 1986

Junkelmann, M.: Die Legionen des Augustus. Der römische Soldat im Experiment, Mainz 1986

Marchand, S. L.: Down from Olympus. Archaeology and Philhellenism in Germany 1750–1970, Princeton 1996

Schneider, H.: Einführung in die antike Technikgeschichte, Darmstadt 1992

Sichtermann, H.: Kulturgeschichte der klassischen Archäologie, München 1996

Wegner, M.: Altertumskunde, München 1951

Ortsregister

Ortsregister

Namensregister

Namensregister

Bildnachweise

Agenzia di Promozione Turistica, Lucca 190
Gottfried Aigner, München 66
Archiv für Kunst und Geschichte, Berlin 25, 93, 215
Archäologisches Institut der Universität Hamburg 38, 60, 61, 62, 67, 73, 80, 81, 82, 99, 102, 106, 108, 109, 125, 131, 133, 134, 135, 136, 139, 149, 154, 157, 158, 164, 165, 166, 203, 210
Universitätsbibliothek, Istanbul 176
Bayrische Verwaltung der staatlichen Schlösser, Gärten und Seen (Foto Maria Custodis) 195
Bayerische Staatsbibliothek, München 69
E. Böhm, Mainz 96, 152, 155
Bibliothèque Municipale, Autun 174
Bildarchiv Foto Marburg 41
Bildarchiv Huber, Garmisch-Partenkirchen 1
Bildarchiv Preußischer Kulturbesitz, Berlin 3, 150, 206
Brian Brake 126
C.A.T. Medienproduktion, Reichling 115, 228
Cinetext GmbH, Frankfurt 218
© 1997 Les Editions Albert René/Goscinny-Uderzo 143 (Asterix und die Trabantenstadt), 219 (Asterix und Cleopatra)
Johannes Eue, Köln 204
Peter Furmanek, Hannover 186
Galleria Nazionale, Parma 194
Giunti Martello Archiv 5, 10, 12, 13, 17, 18
The J. Paul Getty Museum, Malibu 20, 88 (Photography provided courtesy of Bruce White), 32, 46, 47, 56
Rainer Hackenberg, Köln 170, 178
IFA Bilderteam, München 70
Michael Jeiter, Morschenich 184
Kathedral-Bibliothek, Verona 181
Kunsthistorisches Museum, Wien 58
Landesamt für Denkmalpflege, Hessen 209
Landschaftsverband Rheinland (Archäologischer Park/Regionalmuseum Xanten und Landesbildstelle Düsseldorf) 230
Löbl-Schreyer, Bad Tölz-Ellbach 146, 185
Rolf Legler, München 85, 86
Sandu Mendrea, Jerusalem 180
MGM 91
Musée des Antiquités Nationales, Saint-Germain-en-Laye 44
Musée du Louvre, Paris 4, 26, 68, 197
Musei Vaticani 23, 132, 220
Museo del Prado, Madrid 217, 224
Museo Nazionale, Neapel 83, 87, 97
Museum of Art, Rhode Island School of Design, Mary B. Jackson Fund, Providence 95
National Gallery of Art, Washington 175
Ny Carlsberg Glyptotek, Kopenhagen 48, 49
PubliAerFoto, Mailand 7
Roger-Viollet, Paris 202
© Albert Speer Archiv, Heidelberg 216
Saalburgmuseum, Bad Homburg 156
Sammlung Bertarelli, Mailand 226
Lambert Schneider, Hamburg 78, 79, 229
Soprintendenza Archeologica di Roma 027
Staatliche Münzsammlung, München 039
Staatsgalerie, Stuttgart 188
Süddeutscher Verlag, München 207
E. Thiem, Lotos Film, Kaufbeuren 21, 22, 24, 29, 30, 34, 37, 45, 52, 53, 54, 57, 59, 63, 71, 75, 77, 84, 89, 100, 101, 103, 107, 117,118, 137, 145, 151, 160
Martin Thomas, Aachen 74, 191, 199
Virginia Museum, Richmond 50
Yale University Art Gallery, New Haven 168
Fulvio Zanettini, Köln 64, 65, 121, 179, 189, 213
Camilla Zimmermanns, Pullach 201
Günter Zwingelberg, Kirchlinteln 205

Die Abbildung 90 entnahmen wir aus dem Buch »Was ist Was«, Band 82 Gladiatoren, mit freundlicher Genehmigung des Tessloff-Verlages, Hamburg
Karten und Pläne: DuMont Buchverlag, Köln